Dettmer Grünefeld

Das Mulchbuch

Gedruckt auf
100% Recyclingpapier

Dettmer Grünefeld

Das Mulchbuch

Praxis der Bodenbedeckung im Garten

illustriert von Margret Schneevoigt

pala verlag

Inhalt

Nach dem Vorbild der Natur

Der Natur abgeschaut ist die Kulturtechnik des Mulchens. Unter Gehölzen, im Gemüsegarten, zwischen Stauden und Rosen – überall kann der Boden mit verschiedenen Materialien abgedeckt werden. Die Mulchschicht schützt und düngt, federt den Aufprall von Regentropfen ab, der Boden verkrustet nicht, sondern bleibt gleichmäßig feucht, und das Unkraut hat keine Chance. Ein intelligenter Garten entsteht, mit der Natur – und für Faule. Der Garten als vom Menschen geschaffene Kultur und die Natur können in Einklang gebracht werden: Kein einfaches, aber ein lohnendes Unterfangen.

Dieses Buch beschreibt die Vor- und Nachteile des Mulchens, stellt geeignete Mulchmaterialien vor und zeigt, wie man die verschiedenen Gartenbereiche ihren Bedürfnissen entsprechend mulcht. Das Buch geht auf spezielle Kulturen wie Rhododendron, Kräuter oder Erdbeeren ein. Ausführlich behandelt es den »lebenden Mulch«, die Gründüngung. Arbeitskalender, Mulchrezepte und Tipps bei Problemen helfen der Gärtnerin und dem Gärtner, im eigenen Garten aktiv zu werden. Wer das Mulchen neu probieren und nach und nach verschiedene Bereiche im Garten mit Mulch und Gründüngung kultivieren und optimieren möchte, kann sich von den vielfältigen vorgestellten Einsatzmöglichkeiten des Mulchens anregen lassen. In einem Extrakapitel beschreibt Björn Bugdahl die zentrale Bedeutung des Regenwurms für die Lockerung und Fruchtbarkeit des Bodens.

Das Mulchen ist eine spannende Technik, die – wenn sie an die örtlichen Verhältnisse und individuellen Ziele angepasst ist – auf kreative Weise Gartenkultur und Natur verbindet. Hierfür soll das Buch Anregungen, Hilfe und Diskussionsstoff liefern.

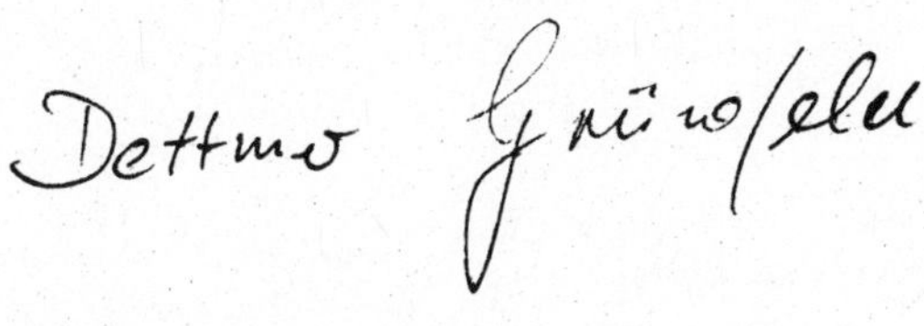

Mulchen – was ist das?

Laub, Rasenschnitt und Pflanzenblätter liefert jeder Garten

Unter Mulchen versteht man die Bodenbedeckung begrenzter oder zusammenhängender Pflanzflächen mit organischem Material wie Laub, Stroh, Streu, Mist, Rasenschnitt, Pflanzenblättern, Rindenprodukten und anderem. Eine zehn bis zwanzig Zentimeter dicke Schicht dieser Materialien schützt die Flächen vor starker Erwärmung, Austrocknung und Erosion. Gleichzeitig wird das Mikroklima der obersten Bodenschicht und damit die Tätigkeit von Mikroorganismen gefördert sowie unerwünschtes Unkraut unterdrückt. Neben organischen Materialien kommen beim Mulchen auch anorganische Materialien wie Lavagrus und andere Steine sowie künstliche Materialien wie Pappe, Papier, Folie oder Vlies zum Einsatz.

Früher übliche und teilweise noch gebräuchliche Mulchmaterialien wie Torf und Kartoffelkraut sind abzulehnen: Torf ist aus ökologischen Gründen problematisch, Kartoffelkraut ist oft mit Krankheiten belastet.

Über der Gartenerde wächst eine lebendige Mulchzone

Wichtig zur Abgrenzung des Mulchens von anderen Gartentechniken ist außerdem, dass beim Mulchen durch den Auftrag der Materialien eine eigene Schicht über dem Boden entsteht – die sogenannte Mulchzone; dies unterscheidet die Mulchtechnik von Techniken, die mit Hilfe von Eggen oder Fräsen ähnliche organische Materialien in die oberen Zentimeter des Bodens einarbeiten.

Kulturtechnik nach dem Vorbild der Natur

In der Natur ist der Boden nie nackt: Im Wald ist er mit einer bunten Laubschicht bedeckt, Gräser und

Pflanzen wachsen auf dem Boden und abgestorbene Pflanzen oder Pflanzenteile bedecken ihn wieder mit organischem Material. Der Boden, jene dreißig Zentimeter Erde, von denen wir leben, ist behütet und vor Regen und Sonne geschützt. Durch die Verrottung und die Aktivität der Wurzeln entsteht ein intensives Bodenleben – in einer Handvoll Gartenerde befinden sich Millionen von Kleinstlebewesen.

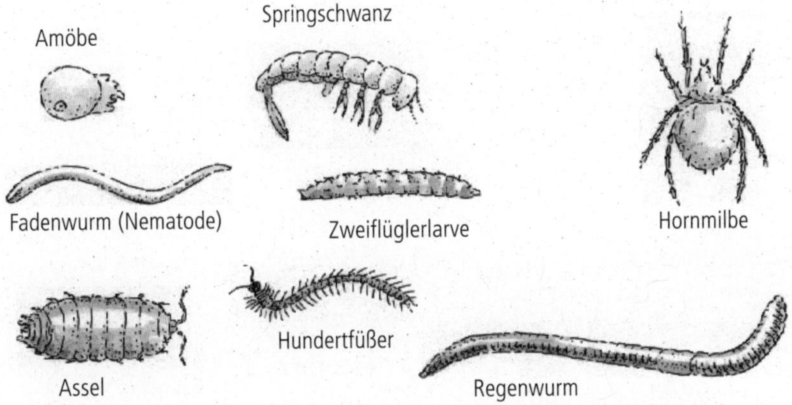

Bodentiere sind ein wichtiger Teil des Bodenlebens. Zu den kleinsten Vertretern, der Mikrofauna (0,002 bis 0,2 mm groß), gehört die Amöbe. Zur etwas größeren Mesofauna (0,2 bis 2 mm groß) gehören Fadenwurm (Nematode), Springschwanz und Hornmilbe. Assel, Zweiflüglerlarve und Hundertfüßer zählen zur Makrofauna (1 bis 20 mm groß). Lebewesen mit einer Größe von mehr als 20 mm, beispielsweise den Regenwurm, rechnet man zur Megafauna.

Eine Handvoll Gartenerde enthält:
100 Insekten und Milben
110 Gliederwürmer
250 Springschwänze
25.000 Fadenwürmer
7.500.000 Protozoen
12.500.000 Algen
100.000.000 Pilze
125.000.000 Bakterien

Die Vorteile des Mulchens auf einen Blick

- Die Mulchdecke ist ein **wertvoller Lebens- und Nahrungsraum** für Bodenorganismen und -lebewesen.
- Organisches Mulchmaterial gibt bei seiner Zersetzung **Nährstoffe** ab, die von Kulturpflanzen zum Wachstum genutzt werden können.
- Mulch **speichert Wasser:** Im verrottenden Material sammelt sich Feuchtigkeit. Man muss weniger wässern.
- Mulch **gleicht Temperaturschwankungen aus,** sodass die Bodenlebewesen und die Pflanzen gleichmäßigen klimatischen Bedingungen ausgesetzt sind.
- Mulch **schützt vor Pilzkrankheiten.**
- Mulch **verhindert die Erosion des Bodens,** da Regen und Wind die oberen Bodenschichten nicht zerstören und wegtragen können.
- Mulch **verhindert das Wachstum** und die Verbreitung **von Unkräutern,** da keine Sonne an die Samen kommt und diese dadurch nicht keimen können. Zarte Pflanzensprosse von Unkräutern können die Mulchdecke zudem nur schwer durchdringen. Gegen Wurzelunkräuter wie Giersch hilft Mulch allerdings nur sehr bedingt.
- Mulch kann **dekorative Eigenschaften** haben.
- Mulch kann die **Gartenarbeit erleichtern,** weil das mühselige Umgraben teilweise entfällt.
- Der **Boden wird lockerer** und besser belüftet durch die verstärkte Aktivität von Regenwürmern.
- Durch den **Klimawandel** gewinnt die Technik des Mulchens an Bedeutung : Der **Boden trocknet** auch bei großer Hitze **nicht so schnell aus** und starke Regenfälle werden durch den Mulch abgefedert, der **Boden bleibt locker und spült nicht ab.**

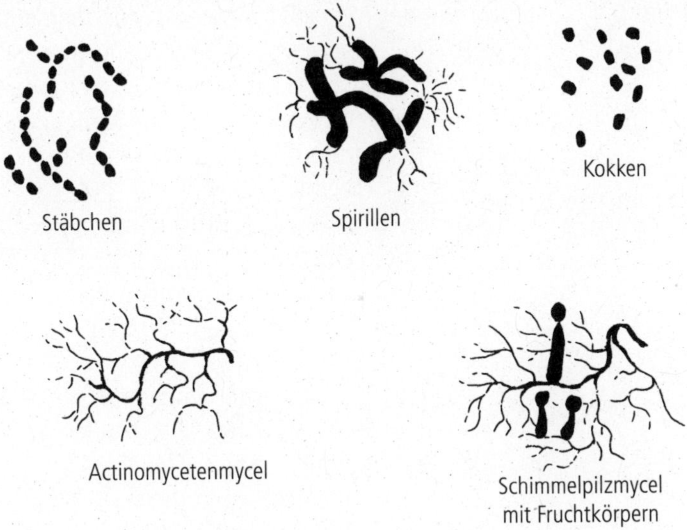

Wichtige Vertreter der Bodenflora sind Bakterien wie verschiedene Stäbchen, Spirillen und Kokken. Zusammen mit Pilzen, Algen und Actinomyceten (spezielle fädig wachsende Bakterien) zersetzen die Bakterien organische Substanzen unter anderem in die Grundbausteine Kohlendioxid, Wasser und Ammoniak, die Pflanzen zum Wachstum benötigen.

Mulch – total?

Individuelle Mulchkonzepte führen zum Ziel

Ist es sinnvoll, den Boden zu jeder Jahreszeit, bei jeder Pflanze und bei jedem Bodentyp lückenlos mit Mulchmaterial zu bedecken? Liest man die einschlägige Literatur aus der Pionierzeit des biologischen Gartenbaus, so scheint das Mulchen ein Allheilmittel für alle Gartenprobleme zu sein. Titel wie »Mulch – Gärtnern ohne Arbeit« oder »Mulch – total« zeigen eine Euphorie, die vielfach durch erlebte Misserfolge zu Enttäuschungen geführt hat. In den letzten Jahren ist diese Euphorie von einer differenzierteren Betrachtungsweise abgelöst worden. Es hat sich gezeigt, dass das Mulchen nicht für alle Gartenbereiche und jede Pflanze eine passende Methode

Jeder Garten und jede Pflanze ist anders

ist: »So wie der Mensch für einen gesunden Schlaf zwischen Woll-, Baumwoll- oder Seidendecke wählen kann, hat auch der Gärtner die Möglichkeit ganz unterschiedliche Materialien für seine Mulchdecke zu benutzen«, schreibt Marie-Luise Kreuter treffend in ihrem Buch »Der Bio-Garten«.

Die gezielt eingesetzte Kulturtechnik des Mulchens variiert die eingesetzten Materialien und differenziert die Orte im Garten, wo gemulcht wird. Dies hört sich im ersten Moment komplizierter an, als es ist.

Was versteht man nun unter »totalem Mulchen«? Beim »totalen Mulchen« wird jeder Fleck im Garten, Gemüse-, Kräuter-, Stauden-, Gehölz-, Zier- oder Nutzgarten, ganzjährig mit einer dicken Schicht organischen Materials, zumeist Stroh, bedeckt. Stroh wird als preiswertes und gut handhabbares Material genommen, das die Landwirtschaft in ausreichender Menge zur Verfügung stellt.

Vielfalt im Garten gedeiht differenziert

Die Begründung für die Mulch-Total-Methode ist oft auch emotionaler Natur; ein beschützender Instinkt, der die »unbedeckte« Erde mit einer wärmenden Decke versehen möchte.

Doch das völlige Abdecken des Bodens mit im Wesentlichen einem Material – Stroh – ist zu undifferenziert, es wird der Vielfalt der Lebensbereiche im Garten und den unterschiedlichen Bedürfnissen der Pflanzen nicht gerecht.

Kritikpunkte am totalen Mulchen

- In Nord- und Mitteleuropa sind die **Klimaschwankungen** zwischen den Jahreszeiten in der Regel sehr groß: Im Winter kann es sehr stark frieren, das Frühjahr kommt oft sehr spät und kann sehr nass sein, im Sommer kann es sehr heiß werden. Eine ganzjährige Strohmulchdecke verschließt den Boden vor den Klimaeinflüssen dieses jahreszeitlichen Wechsels. Im Herbst schützt eine Mulchdecke und hält das

Bodenleben länger aktiv, auch in einem warmen, trockenen Mai ist eine Mulchdecke sinnvoll, in einem nassen Sommer jedoch kommen die Schnecken und finden reichlich Unterschlupf, dann ist es sinnvoller, den Mulch zu kompostieren – die Kunst des Gärtnerns ist es, sich genau auf den Boden, das Klima und die Pflanzen einzustellen.

- Die Mulch-Total-Philosophie geht nicht auf die **unterschiedlichen Gartenbereiche** ein: Ein Schattenbeet für Stauden ist zum Beispiel dankbar für eine Schicht aus Laub, da dies dem natürlichen Lebensbereich der Stauden im Wald ähnelt. Gemüse ist demgegenüber vor allem im Frühjahr dankbar für jeden Sonnenstrahl, der den Boden erwärmt: Eine Mulchdecke wirkt hier wie eine Isoliermatte, die den Boden kalt hält – in solch einem Fall ist Mulchen nicht sinnvoll. Das Kräuterbeet mit seinen mediterranen Pflanzen hingegen mag einen »Mulch« aus Kieselsteinen und Lavagrus, der die Wärme speichert.
- Kulturpflanzen haben beim Keimen und Wachsen **unterschiedliche Bedürfnisse an die Wärme des Bodens** und brauchen ganz unterschiedliche Nährstoffe. Es gibt Pflanzen mit langen und Pflanzen mit kurzen Keimzeiten, Stark- und Schwachzehrer, einige Pflanzen brauchen viel Wasser, andere mögen es lieber trocken. All diese Bedürfnisse müssen beim Mulchen beachtet werden – Mulchen mit nur einem Material wird diesen Bedürfnissen nicht gerecht.
- Die überwiegende Verwendung von Stroh oder Laub beim »totalen Mulchen« schränkt die große Palette der Anwendungsmöglichkeiten des Mulchens und der Mulchmaterialien unnötig ein. Stroh- oder Laubmulch hat ein viel **zu weites C/N-Verhältnis** (siehe Seite 40ff.), er ist zu holzhaltig und schränkt durch seine langsame Verrottung die kurzfristige Verfügbarkeit von Stickstoff für das Wachstum der Pflanzen ein. Bei vielen Pflanzen führt dies zu Anwachsschwierigkeiten oder auch einem völligen Ausfall.
- Auch das Ziel, mit »totalem Mulchen« alle Flächen frei von Wildpflanzen halten zu wollen, entspricht nicht einem natürlichen Garten, der eine Unkrautflora in Grenzen akzeptiert und **Wildblumenwiesen, Brachland oder Weiden für Tiere** zulässt.

Erst durch differenzierte und zielgerechte Anwendung, gegebenenfalls in Kombination mit anderen Kulturmaßnahmen, kommen die Stärken des Mulchens zum Tragen.

Etwas Psychologie ...

Mulchgärten sind näher an der Natur

Ähnlich anderen Veränderungen, die unsere Einstellungen und Empfindungen, was wir als schön und hässlich empfinden, in Frage stellen, muss sich auch beim Thema Mulchen zunächst etwas im Kopf bewegen, bevor wir die Veränderung ohne Scheuklappen beurteilen können. Vielleicht müssen wir uns dabei von Gewissheiten und tradierten Erfahrungswerten verabschieden – etwas, das manchmal sehr schwer fällt.

Jene Gärtnerinnen und Gärtner, die gerne umgraben und einen »reinen Tisch« im Frühjahr bevorzugen, werden mit dem »Gewurschtel« von Stroh, Laub und Pappe im Mulchgarten ihre Schwierigkeiten haben. Selbst wenn rationale oder auch wirtschaftliche Gründe für eine Abkehr vom undifferenzierten Umgraben sprechen, kann es lange dauern, bis sich etwas bewegt – hier geht es um den Mythos des Spatens und des Pflugs.

Wenn Salatkopf und Rotklee Nachbarn sind ...

Ein Beispiel aus der Landwirtschaft: Obwohl die pfluglose Bewirtschaftung und die direkte Einsaat sowohl ökonomisch (man benötigt weniger Treibstoff für die Maschinen) wie auch vom Bodenaufbau her völlig logisch sind, ist der »reine Tisch«, das Pflügen, tief als Gewohnheit verwurzelt.

Und natürlich ist es auch gewöhnungsbedürftig, wenn Pflanzen wie Klee oder Saatsenf gleichberechtigt neben dem Salatkopf stehen.

Auf der anderen Seite kann gerade bei eingefleischten Mulchgärtnerinnen und -gärtnern ein Schutzinstinkt, ein Muttergefühl, bedeutsam sein, welches die schwarze, unbedeckte Erde wie ein »nacktes, bloß gestrampeltes Kind«, das man zudecken möchte, sieht. Das Zudecken und Verhüllen, das Wärmen und Beschützen, führt schnell zu einem »Strohgarten« und lässt keine Differenzierung mehr zu.

Also – alles eine Frage der Gefühle ...

So wirkt Mulch

Wasserspeicher und Schutz vor Austrocknung

Unter einer schützenden Mulchdecke ist die Wasserverdunstung geringer als bei unbedecktem Boden, das heißt, der Boden bleibt feucht und trocknet nicht aus. Die konstante Bodenfeuchtigkeit hat einen positiven Einfluss auf das Bodenleben und das Pflanzenwachstum. Gleichzeitig muss der Boden weniger bewässert werden, dadurch spart man Zeit und Wasser.

Feuchte Erde reduziert die tägliche Gießarbeit

Gerade bei **Sandböden,** die Wasser nur sehr schlecht halten, hilft eine Abdeckung mit Mulch der schnellen Austrocknung des Bodens entgegenzuwirken. Doch Vorsicht bei **Lehm- und Tonböden:** Diese speichern aufgrund ihrer bindigen Textur Wasser und erwärmen sich nur sehr langsam. Bei diesen festen Böden erschwert eine Bodenbedeckung die mechanische Auflockerung und ein Abtrocknen des Bodens, sodass die Bestellung der Beete schwierig wird (siehe auch Seiten 36ff., 114 und 140). Daher sollten die Mulchschichten von diesen Böden – insbesondere im Gemüse- und Kräutergarten – im Frühjahr entfernt werden.

Ausgleich von Temperaturschwankungen

Mulch gleicht extreme Temperaturschwankungen in den oberen Bodenschichten aus. Die Mulchdecke wirkt durch den Einschluss von Luft wie eine Isolierdecke; im Sommer bleibt der Boden kühl, im

Herbst und im Winter kann der Frost nicht so schnell eindringen und das Bodenleben bleibt länger aktiv.

Im Tagesverlauf wird verhindert, dass sich der Boden mittags übermäßig erhitzt und nachts zu stark auskühlt.

Offener Boden für sonnenhungriges Gemüse

Für **Wärme liebende Pflanzen** wie Gurken, Paprika oder Tomaten kann – zusammen mit einer hohen Feuchtigkeit – die Temperatur unter einer organischen Mulchdecke zu niedrig sein. Hier sollte der Boden offen bleiben oder mit schwarzer Folie oder Mulchpapier (siehe auch Seite 84ff.) abgedeckt werden.

Verbesserte Bodengesundheit

Eine Mulchdecke fördert, genau wie die Laubbedeckung des Waldbodens, eine Boden verbessernde Verpilzung und damit die Gesundheit des Bodens.

Bodenpilze entgiften die Erde und liefern Nährstoffe

Einige Pilze setzen – wie es auch bestimmte Bakterien tun – Antibiotika und andere Substanzen frei, die gegen Baumkrankheiten wirken und die natürlichen Abwehrkräfte der Bäume stärken. Pilze können Giftstoffe im Boden zerstören und die Bodengesundheit fördern. Für den Wuchs der Bäume im Wald beispielsweise ist ein »Pilzbefall« des Bodens lebensnotwendig: Die Pilzfäden der Mykorrhiza bilden zusammen mit den Wurzeln der Bäume eine Lebensgemeinschaft. Als Mykorrhiza bezeichnet man die Lebensgemeinschaft (Symbiose) von Pilzen der Bodenflora und Wurzeln von Bäumen und Pflanzen. Besonders bei der Nährstoffaufnahme unterstützen Mykorrhizapilze ihren Baumpartner erheblich, was sich insbesondere bei extremen Standorten positiv auswirkt.

Die Spatendiagnose

Eine gute Methode, die Verpilzung des Bodens festzustellen, ist die Spatendiagnose. Hierbei wird mit einem Spaten ein etwa zwanzig Zentimeter dicker Soden, ein Erdblock, aus dem Boden gestochen. Frischer Erdgeruch deutet auf Strahlenpilze (Actinomyceten, siehe Seite 13) hin, die an der Humusbildung beteiligt sind, typischer Erdgeruch ist ein Hinweis auf einen gesunden Boden. Der ausgestochene Erdblock wird mit Wasser aus der Gießkanne übergossen. Löst sich der Erdblock sofort auf, enthält er wenig Pilzfäden (Myzel); sind die Erdkrümel dagegen verklebt und lösen sie sich nur schwer auf, liegt eine hohe Pilzbesiedelung vor, die auf ein gesundes Bodenleben hindeutet.

Erosionsschutz

Wasser, das nicht sofort vom Boden aufgesogen wird, schwemmt Erde ab. Bei geneigten Böden, beispielsweise in Hanglagen, ist diese Gefahr besonders groß.

Pflanzen halten die Erde an Ort und Stelle

Nackter Boden ist Wind und Regen schutzlos preisgegeben. Beim Aufprall eines Regentropfens auf den Boden spritzt Erde hoch, die Erde löst sich aus dem Bodenverband und wird weggeschwemmt. Die Aufprallgeschwindigkeit eines Tropfens beträgt bis zu neun Meter pro Sekunde, der Krater ist etwa viermal so groß wie der Tropfen.

Zusätzlich wird der Boden durch den Niederschlag verschlämmt, die Poren im Boden verstopfen; Resultate sind weniger Luft im Boden und ein Absterben des Bodenlebens.

Möchte man dies verhindern, gilt es

- den Aufprall des Wassers auf die Bodenoberfläche zu mindern, ihn abzufedern,
- die Trennung und Loslösung von Bodenpartikeln zu verhindern,
- die Wasserinfiltration in den Boden zu erhöhen und
- die Geschwindigkeit des Wasserabflusses auf der Bodenoberfläche zu verlangsamen.

Mulch wirkt hier wie eine Matte, die den Aufprall der Regentropfen abfedert, wie beim Sport eine Matte den Aufprall mildert. Gleichzeitig nimmt die Mulchschicht wie ein Schwamm Wasser auf und festigt den Boden, sodass er nicht wegschwimmt.

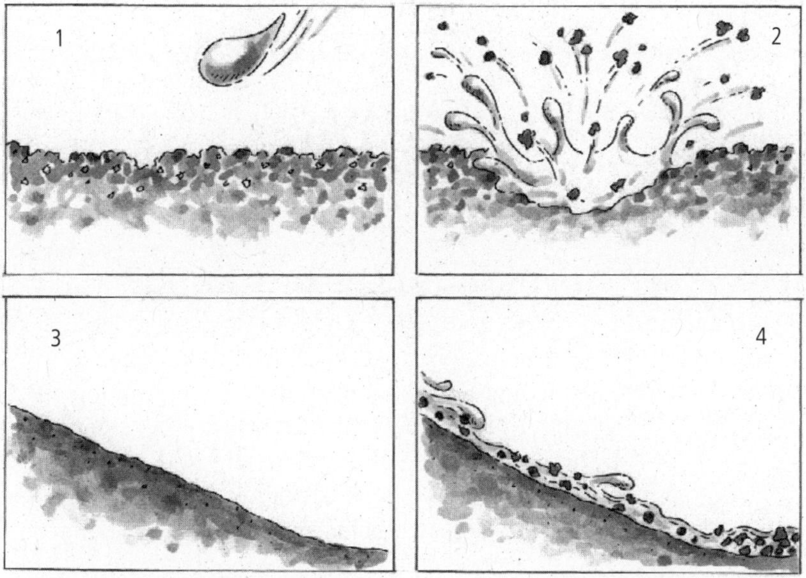

Erosionswirkung eines Regentropfens:
Der Aufprall des Regentropfens (1) zerkleinert den Boden in winzige Teilchen (2), welche die Bodenporen verstopfen (3), sodass Wasser oberflächlich abfließen muss und nicht in den Boden eindringen kann. Das abfließende Wasser reißt Bodenteilchen mit sich (4).

Dekoration und Arbeitserleichterung

Grüner Bambus auf hellem Kies

Mulch kann den Garten verschönern: grüne Pflanzen auf dunkelbraunem Rindenmulch, hellgrüner Bambus, der aus hellen Kiesflächen sprießt oder Steine im Kräutergarten.

Und Mulchen erleichtert die Arbeit: Mühseliges Jäten unter Gehölzen wird unnötig, bei vielen Böden entfallen das schweißtreibende Umgraben und Unkrauthacken, und es muss weniger gegossen werden.

Durch diese Arbeitserleichterungen und die Verschönerung des Gartens haben viele Menschen wieder Freude am Gärtnern gefunden: Ein Gärtnerleben ohne Rückenschmerzen und wunde Finger.

Unkrautunterdrückung?

Weniger unerwünschte Kräuter durchs Mulchen

Die Unterdrückung von Unkraut ist sicherlich einer der großen Vorteile einer Mulchdecke.

Die Möglichkeit der Unkrautbekämpfung durch das Mulchen ist jedoch ambivalent: Einerseits wird der Aufwuchs von Kräutern aller Art eingeschränkt und ist geringer als bei offenem Boden. Wachsen aber andererseits Unkräuter durch die Mulchdecke, ist deren Bekämpfung schwieriger als bei offenem Boden, da Mulch, von sehr wenigen Ausnahmen abgesehen, nicht gehackt werden kann.

So halten Sie unerwünschte Kräuter in Schach

- Der Boden sollte vor dem Mulchen vor allem frei von **Wurzelunkräutern** wie Giersch, Quecke, Breitblättrigem Ampfer oder Ackerwinde sein, weil diese auch unter der feuchten Mulchdecke fröhlich weiterwachsen (siehe auch Seiten 102f. und 124f.). Starker Bewuchs mit Wurzelunkräutern lässt sich nur mit völlig abdeckenden Mulchmaterialien wie Folie oder Pappe bekämpfen (siehe auch Seite 84ff.). Ohne Pappe, nur mit organischen Mulchmaterialien wie Grasschnitt, Laub oder Stroh lässt sich ein dichter Unkrautpelz meiner Erfahrung nach nur unter Gehölzen verhindern: Kommen hier Unkräuter durch die Mulchschicht, werden sie abgemäht und der Boden unter den Gehölzen neu mit Mulch bedeckt.

- **Samenunkräuter** wie Melde oder Franzosenkraut müssen per Hand aus der Mulchdecke gezogen werden, ein sehr mühseliges Unterfangen. Hacken ist nicht möglich, da sich dadurch Mulch und Erde vermengen. Ausnahme: Bei grobkörnigen Mulchmaterialien wie Rinde oder Hackschnitzel ist Hacken möglich. Diese Mulchmaterialien eignen sich jedoch nicht für jedes Beet (siehe auch Seiten 65f. und 91f.).
- Achtung: Mit bestimmten Mulchmaterialien können auch **Unkrautsamen** eingeschleppt werden, die dann bei entsprechender Feuchtigkeit massenhaft keimen (siehe Seiten 49f. und 56f.).

Steigender Nährstoffgehalt im Boden

Die Erde wird immer nährstoffreicher

Mittel- und langfristig steigt durch Mulchen der Gehalt an Nährstoffen im Boden. In organischen Mulchmaterialien sind, allerdings in sehr unterschiedlichem Maße, Nährstoffe gebunden, die sich langsam durch die Rotte freisetzen.

Wichtige Einflussfaktoren hinsichtlich des Nährstoffgehaltes des Bodens sind die **Aktivität des Bodenlebens,** die **Art des Bodens** und die **Zusammensetzung des Mulchmaterials.**

Humus durch aktives Bodenleben

Beste Gartenerde ist der Traum jeder Pflanze

Die Fruchtbarkeit des Bodens zu fördern, ist ein wesentlicher Aspekt der Arbeit im Garten. Ein Ziel guter Bodenbewirtschaftung ist es, die natürliche Fähigkeit des Bodens, Pflanzen zu ernähren und zum Wachstum anzuregen, zu erhalten und zu fördern. Regenwürmer, Asseln, Milben, Pilze, Bakteri-

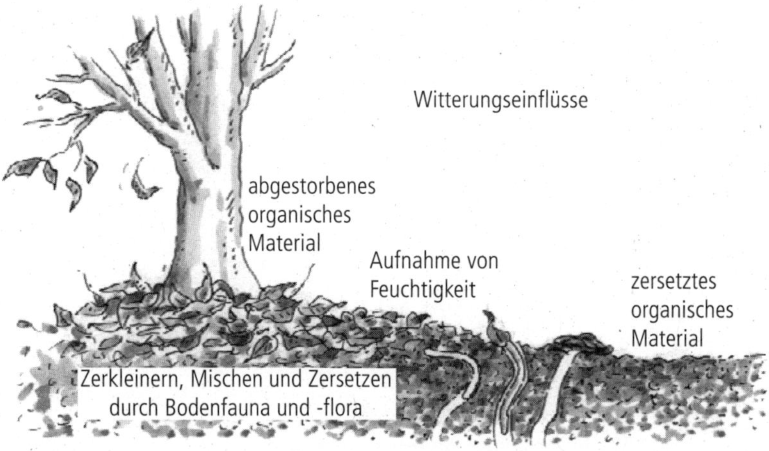

So verläuft die Rotte: Abgestorbenes organisches Material wie Laub nimmt Feuchtigkeit auf und wird durch Tiere und Witterungseinflüsse zerkleinert. Regenwürmer ziehen das zerkleinerte Material in den Boden und zersetzen es. Springschwänze, Käfer, Milben, Asseln und Larven sind ebenfalls sehr wichtig für den Rotteverlauf.

en und viele andere Kleinstlebewesen im Boden helfen bei dieser Aufgabe: Sie zerlegen organische Materialien und setzen deren Grundbausteine frei, sodass diese als Nährstoffe für Pflanzen zur Verfügung stehen (Mineralisierung). Als Endprodukt der Zersetzung entsteht **Humus:** lockerer, nährstoffreicher »Mutterboden« – Erde, die wie ein Schwamm sehr gut Wasser speichert und von brauner bis schwarzer Farbe ist.

Mist und Leguminosen liefern besonders viele Nährstoffe

Man unterscheidet Nähr- und Dauerhumus. **Nährhumus** bezeichnet jene organischen Materialien, die den Bodenorganismen als Nahrungsquelle dienen. Die Bodenorganismen bauen den Nährhumus weiter zu leicht löslichen Substanzen, Nährstoffen, ab, die von den Pflanzen aufgenommen werden. Stickstoffreiche Mulchmaterialien und Dünger wie Mist, Leguminosen oder Jauche sind günstig für diese Mineralisation.

Holzstoffe sind Nährstoffspeicher und Gerüst

Schwer zersetzbare Stoffe wie Lignin, ein Holzstoff, der beim Abbau von Holz und anderen Pflanzenmaterialien durch Mikroorganismen und andere Kleinstlebewesen übrig bleibt und nicht weiter abgebaut werden kann, bilden die Bausteine des **Dauerhumus.** Dauerhumus ist sehr wichtig: Er speichert Wasser und Nährstoffe, erleichtert die Durchlüftung des Bodens und ist ein wichtiger Stabilisierungsfaktor des Bodengefüges. Er verbindet sich zum Teil mit mineralischen Bodenteilchen, die durch Sedimentierung oder Verwitterung entstanden sind, zum sogenannten Ton-Humus-Komplex, der als Nährstoffreservoir für Pflanzen dient.

Guter Humus dank Bodenfauna und -flora

In jeder Schicht des Bodens gibt es – abhängig von Sauerstoff, organischem Material und Licht – spezifische Mikroorganismen. Ihre Aktivität ist maßgeblich dafür verantwortlich, dass Humus entsteht, der Boden nährstoffreicher wird und Pflanzen optimal gedeihen.

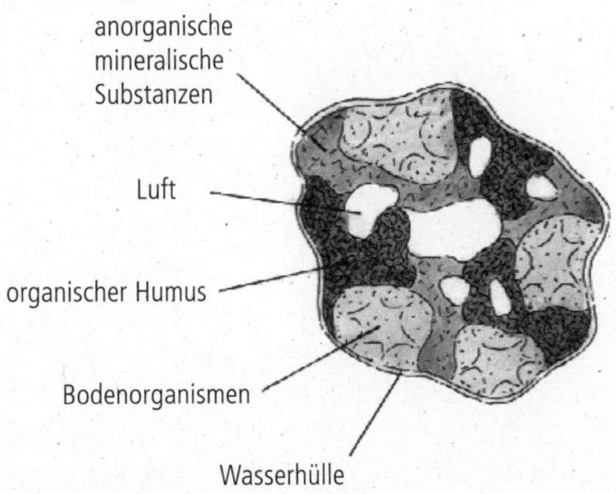

Fruchtbare Erde hat eine Krümelstruktur. Die Krümel sind 0,2 bis 1 mm groß und mit einer dünnen Wasserhülle umgeben. Im Krümel verbinden sich anorganische mineralische Substanzen und organischer Humus mit gasförmiger Luft und lebenden Bodenorganismen, hauptsächlich Bakterien und Algen.

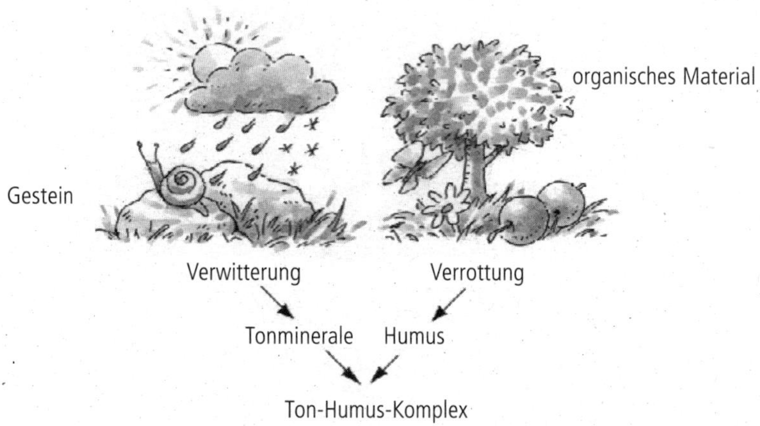

Ton-Humus-Komplexe bestehen aus Tonmineralen und Humus. Tonminerale entstehen bei der Verwitterung von Gestein, Humus bei der Verrottung von organischem Material.

So unterstützen Sie Mikroorganismen im Boden

- Die kleinen Helfer brauchen **Nahrung** in Form von organischem Material. Dieses sollte möglichst an der Bodenoberfläche abgelagert werden, sodass es an der Luft verrotten kann. Denn Bodentiere meiden im Boden vergrabene Pflanzenreste: Durch Sauerstoffmangel entstehen aus vergrabenen Pflanzenresten Methan, Schwefelwasserstoff und Ammoniak, Gifte für die meisten Bodenorganismen.
- Fast alle Bodenlebewesen sind gegen hohe **Temperaturen** empfindlich, am wohlsten fühlen sie sich bei Temperaturen zwischen 10 °C und 25 °C; sowohl Trockenheit als auch Kälte schadet den Lebewesen und vermindert ihre Zahl und Aktivität.
  Eine Bodenabdeckung gleicht Temperaturschwankungen aus, tagsüber erwärmt sich der Boden nicht so schnell und nachts wird die Wärme gespeichert. Und auch die Wasserverdunstung wird durch die schützende Mulchschicht verringert.
- Intensive **Bodenbearbeitungen** mit dem Pflug, einer Fräse oder dem Spaten schaden dem Bodenleben hingegen. Die Bodenschichten werden durch die Bearbeitung durcheinandergewirbelt, es bedarf »Zeit

und Kraft«, bis der Boden wieder seinen natürlichen Aufbau eingenommen hat. Auch die Regenwürmer, jene so wichtigen Gehilfen für einen guten Boden, sind dadurch gefährdet. Ihre Gangsysteme werden zerstört und die Geräte können die Tierchen töten, oder auf die Bodenoberfläche geworfene Exemplare fallen dem Vogelfraß zum Opfer.

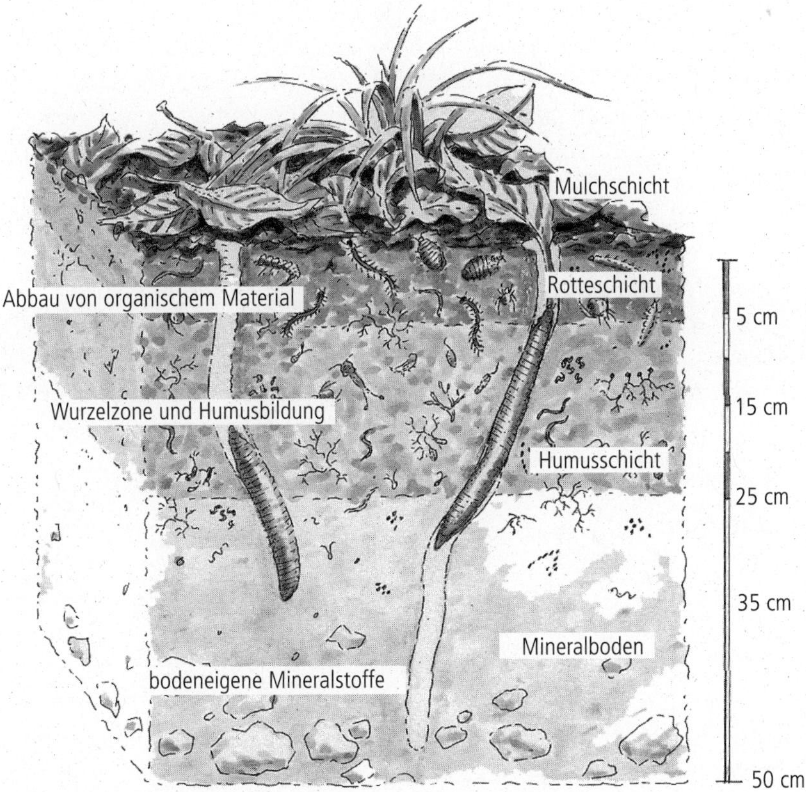

Jede Schicht im unbearbeiteten Gartenboden hat eine spezifische Zusammensetzung und eine daran angepasste Bodenfauna und Bodenflora

Exkurs: Regenwürmer – unsere Helfer im Garten

von Björn Bugdahl

Von all den nützlichen Lebewesen im Boden ist der Regenwurm das wohl prominenteste Tier. Wem ist er beim Umgraben oder Pflanzen im Garten noch nicht begegnet? Und jedes Zusammentreffen löst Freude aus, denn jeder Gärtner weiß über den Nutzen dieses Wurms zumindest grob Bescheid. Das war jedoch nicht immer so: Noch im 19. Jahrhundert galt der Regenwurm als Schädling, von dem es hieß, er würde an den Wurzeln der Kulturpflanzen nagen. Es wurde alles Mögliche getan, um ihn aus dem Garten zu vertreiben. Einer der Ersten, der erkannte, dass Regenwürmer positiv zur Bodenbildung beitragen, war Charles Darwin, der sein letztes Werk 1881 dem Regenwurm widmete. Darin vergleicht er den Nutzen der Regenwürmer für den Boden mit dem der Korallen für das Meer.

Regenwürmer sind wichtige Erstzersetzer, sie helfen organisch gebundene Nährstoffe zu mineralisieren und so für Pflanzen verfügbar zu machen. Also gilt es Regenwürmer im Garten zu fördern, und man sollte ihnen dankbar sein, denn sie ersetzen in Mulchgärten durch ihre lockernde Wühlaktivität den Spaten. Mulchsysteme mit organischen Materialien fördern die Aktivität der Regenwürmer und erhöhen deren Bestand im Boden.

Mehr Nährstoffe im Boden

Regenwürmer beeinflussen sowohl die Bodenzusammensetzung als auch die Bodenstruktur positiv, was wiederum eine positive Wirkung auf das Pflanzenwachstum hat.

Untersuchungen von Regenwurmkot haben gezeigt, dass sich in diesem hohe Nährstoffgehalte befinden. So wurden in Wurmlosungen höhere Kohlenstoff- und Stickstoffgehalte sowie gesteigerte Konzentrationen von Kalium, Phosphor, Calcium und Magnesium im Vergleich zum umgebenden Boden gefunden. Der Nährstoffgehalt ist nicht nur in den an der Bodenoberfläche abgelagerten Wurmlosungen erhöht, sondern auch in den Regenwurmgängen. Regenwürmer geben nährstoffreiche Schleime ab, die der Verfestigung der Gänge dienen und die Fortbewegung der Tiere in ihnen vereinfachen. Pflanzenwurzeln wachsen bevorzugt in diesen nährstoffangereicherten Regenwurmgängen. Die jährliche Kotproduktion von Regenwürmern auf einem Hektar Ackerland liegt bei zwanzig bis dreißig Tonnen.

Durch die Regenwurmaktivität verbessern sich außerdem die Lebensbedingungen für Mikroorganismen. Im Boden lebende Mikroorganismen zersetzen die organische Substanz, die in den Boden gelangt. Es werden Nährstoffe freigesetzt und für die Pflanzen verfügbar gemacht. Die Förderung dieser mikrobiellen Folgezersetzung durch die Regenwürmer erfolgt über eine bessere Durchlüftung des Bodens durch die Anlage von Gängen, über eine Zerkleinerung und damit Oberflächenvergrößerung organischer Substanzen und über die Vermischung von organischen und anorganischen Partikeln bei der Verdauung des Materials durch die Regenwürmer. Regenwürmer ziehen pflanzliches Material in ihre Gänge und bedecken an der Bodenoberfläche liegendes Material mit Kot und ausgeworfenen Bodenpartikeln mit hoher mikrobieller Aktivität. Dadurch zersetzt sich das organische Material schneller und besser.

Lockerer Boden

Regenwürmer beeinflussen durch ihre Fraß- und Grabeaktivität auch physikalische Faktoren des Bodens. Vorsichtige Schätzungen gehen davon aus, dass in mäßig mit Regenwürmern besetzten Böden jährlich dreißig bis siebzig Tonnen Bodenmaterial pro Hektar umgelagert werden. Die Losungen der Regenwürmer weisen eine höhere Stabilität als der umgebende Boden auf; dies wirkt einer Verschlämmung und Erosion entgegen. Die Ursachen für die höhere Stabilität liegen im Zusammenpressen des Materials durch mechanischen Druck im Darm der Regenwürmer und im Zusammenkleben der aufgenommenen Substanzen durch die Darmsekrete der Tiere; dabei bilden sich auch Ton-Humus-Komplexe (siehe Seite 25f.).

Regenwürmer sind in der Lage, den Boden durch ihre mischenden Aktivitäten, die sogenannte Bioturbation, zu homogenisieren. Im Oberboden befinden sich die meisten Wurzeln, und der Oberboden ist diejenige Bodenschicht, die in der Regel gewendet wird. Andererseits wirken Regenwürmer in steinigen oder kiesigen Böden auch entmischend, da sie größere mineralische Bestandteile des Bodens nicht aufnehmen und nicht an die Bodenoberfläche transportieren. Das Wühlen führt zu einer Lockerung vor allem von verdichteten Böden. Die Folge ist eine bessere Durchlüftung des Bodens.

Einige Regenwurmarten haben zudem positive Auswirkungen auf die Wasserführung der Böden. Hierfür verantwortlich sind die vertikalen dauerhaften Wohngänge dieser Arten, die einen schnellen Wasserabfluss in tiefere Bodenschichten zulassen. Vor allem bei nicht wendenden Bodenbearbeitungssystemen wie im Mulchgarten sind solche Gänge häufig.

Lebensweise

Regenwürmer lassen sich im Hinblick auf ihre Lebensweise in drei Typen einteilen: Es gibt anözische, endogäische und epigäische Regenwürmer.

Zu den **anözischen** Regenwürmern zählen vertikal grabende Arten, die feste Wohnröhren anlegen und sich vorwiegend von an der Bodenoberfläche liegenden abgestorbenen Pflanzen ernähren. Sie werden auch als Tiefgräber bezeichnet, da sie in einer Tiefe von bis zu drei Metern leben können. Zu den anözischen Arten zählt der bekannte Tauwurm *(Lumbricus terrestris)*.

Die **endogäisch** lebenden Regenwürmer wühlen überwiegend horizontal in einer Tiefe von maximal einem halben Meter, wobei sie kein dauerhaftes Gangsystem anlegen. Sie ernähren sich hauptsächlich von weit zersetztem und bereits vom Boden aufgenommenem organischen Material und Humus. Weil sie dabei auch eine beachtliche Menge an anorganischem Material aufnehmen, werden sie auch als Mineralbodenformen bezeichnet.

Die **epigäischen** Arten durchwühlen den Boden nur in der obersten Schicht an der Grenze zur organischen Streuauflage, daher werden sie auch Streuformen genannt. Diese Arten kommen überwiegend in Wald- und Grünlandböden oder Komposten vor und vertragen mechanische Störungen nur schlecht. Zu dieser Gruppe gehört der Mist- oder Kompostwurm *(Eisenia foetida)*.

Auskunft über die Zuordnung gefundener Regenwürmer zu den genannten Lebensformen geben die Bodenschichten, in denen man die Regenwürmer findet.

Nahrungsverfügbarkeit und -qualität, Bodenfeuchtigkeit und -temperatur, Bodenart sowie der chemische Zustand des Bodens beeinflussen die Aktivität der Regenwürmer im Boden: Durch Optimierung dieser Faktoren kann das Regenwurmaufkommen gesteigert werden.

Regenwurmgänge
Gänge von tief grabenden Regenwürmern erschließen den Boden bis in eine Tiefe von drei Metern und besitzen bei erwachsenen Tieren einen Durchmesser von mehr als einem halben Zentimeter. Pflanzenwurzeln nutzen diese Gänge bevorzugt als Wachtsumskanäle, da sie dort einen geringeren Widerstand und erhöhte Nährstoffgehalte vorfinden. Auch für die Wasserversorgung der Pflanzen sind die Röhren von Bedeutung: Das Wasser sickert von den Gängen ausgehend in den näheren Boden und steht Pflanzen damit besser zur Verfügung.

Nahrung
Regenwürmer benötigen wie alle Tiere Kohlenhydrate und Eiweiß zur Ernährung. Diese Stoffe finden sie in toter Pflanzensubstanz, die bereits mehr oder weniger stark von Mikroben besiedelt ist. Die Qualität der Nahrung spielt ebenso wie die gleichmäßige Verfügbarkeit eine große Rolle. Ein Regenwurm ernährt sich je nach Art von pflanzlicher Biomasse mit unterschiedlichem Zersetzungsgrad: angefangen bei totem Pflanzenmaterial von der Bodenoberfläche oder dicht darunter (saprophage Ernährungsweise) bis hin zu Humus (geophage Ernährungsweise).

Regenwurmpopulationen entwickeln sich gut, wenn die Nahrung leicht zersetzbar und ihr Stickstoffgehalt hoch ist. Beispiele für entsprechende Materialien sind Klee, Leguminosen und Zwischenfrüchte wie Saatsenf mit einem engen C/N-Verhältnis (siehe Seite 40ff.). So werden auf Flächen, die ausreichend leicht zersetzbare pflanzliche Biomasse enthalten oder mit organischen Düngern wie Mist, Kompost oder Gülle gedüngt werden, hohe Populationsdichten gefunden. Dauergrünland bedeutet für Regenwürmer beispielsweise eine gute Ernährung, dort findet man über hundert Tiere pro Quadratmeter. Bei schlechten Futterbedingungen, beispielsweise bei reinem Weizenanbau oder Einarbeitung von Stroh mit einem weiten C/N-Verhältnis, liegt die Zahl der Regenwürmer unter zwanzig Tiere pro Quadratmeter. Bei einer Fruchtfolge von Mais-Weizen-Rotklee können es sechzig Würmer pro Quadratmeter sein. Beim Anbau von Luzerne ist die Anzahl der Regenwurmgänge in zehn Zentimeter Tiefe sechszehnmal so hoch wie beim Getreideanbau mit Pflug und Einarbeitung von Stroh in den Boden.

Bei nicht wendenden Mulchsystemen wie Grünland oder Dauerkulturen ist die Anzahl und Aktivität der Regenwürmer viermal höher als bei Systemen mit einseitiger Pflanzenauswahl und wendendem Pflug.

Bodenfeuchte

Regenwürmer bevorzugen feuchte Böden und meiden regelmäßig austrocknende oder staunasse Böden. Sauerstoff und Wasser müssen für eine optimale Entwicklung gleichermaßen verfügbar sein. Überschwemmungen überstehen die meisten Regenwurmarten über einen Zeitraum von einigen Tagen bis zu mehreren Wochen. Voraussetzung dafür ist, dass das Überschwemmungswasser sauerstoffreich ist: Dies ist bei geringen Wassertemperaturen eher der Fall als bei hohen Temperaturen. Daher schaden winterliche Überschwemmungen dem Regenwurm nicht.

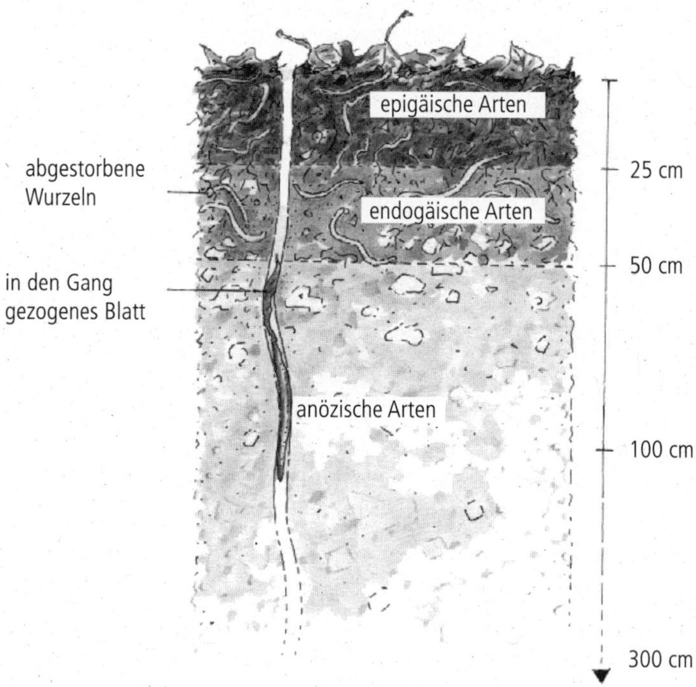

Lebensräume von Regenwürmern: Epigäische und anözische Regenwurmarten ernähren sich von abgestorbenen oberirdischen Pflanzenteilen, endogäische Arten hingegen von Humus und abgestorbenen Wurzelteilen

Biologie der Regenwürmer

Regenwürmer kommen in den meisten Böden vor, ausgenommen in extrem trockenen und extrem kalten Gegenden nahe der Pole. Derzeit weiß man von neununddreißig hierzulande vorkommenden Regenwurmarten, wobei *Aporrectodea caliginosa, Aporrectodea rosea* und der Tauwurm *Lumbricus terrestris* die häufigsten Arten sind. Die Größe eines Regenwurms ist von Art zu Art verschieden. Die größte in Deutschland lebende Art ist *Lumbricus badensis* mit stattlichen fünfzig Zentimeter Länge. Der zahlreich vorkommende Tauwurm *Lumbricus terrestris* ist nicht selten zwanzig Zentimeter lang.

Der Körper eines Regenwurms besteht aus achtzig bis dreihundert hintereinanderliegenden Segmenten. Das Verdauungssystem ist wie ein langer Schlauch aufgebaut. Regenwürmer sind zwittrig. Die männlichen Geschlechtsöffnungen befinden sich bei den meisten europäischen Arten auf der Bauchseite des fünfzehnten Segments. Von ihnen führt eine flache Furche, die Samenrinne, bis zum Gürtel, dem Klitellum. Seine genaue Lage und Ausdehnung sind wichtige Artkriterien. Hier werden die Kokons gebildet. Sie enthalten ein oder mehrere Eier. Bei den meisten Arten ernährt sich der zuerst geschlüpfte Wurm von den anderen Eiern im Kokon. Äußere Faktoren und die Regenwurmart bestimmen die Zahl der Nachkommen und die Lebenserwartung eines Regenwurms.

Bodentemperatur

Regenwürmer sind wechselwarm. Die europäischen Regenwürmer vertragen eher kühle als hohe Temperaturen; einige Arten überleben sogar ein vorübergehendes Einfrieren bis minus 3 °C. Das Temperaturoptimum für die meisten Arten liegt zwischen 10 °C und 14 °C. In diesem Temperaturbereich entfalten sie ihre höchste Aktivität und Fortpflanzungsrate. Eine Ausnahme stellt der Mist- oder Kompostwurm dar: Er ist an die Fermentationswärme in sich zersetzendem Material angepasst und vermehrt sich am besten bei Temperaturen zwischen 20 °C und 25 °C. Im Allgemeinen fällt die Regenwurmaktivität bei Temperaturen unter 5 °C stark ab.

Aufgrund der Vorliebe für feuchte Böden und kühle bis mäßig warme Temperaturen ist die Aktivität des Regenwurms im Jahresverlauf schwankend. So ist der Regenwurm im Frühjahr und im Herbst, wenn es feucht und kühl ist, am aktivsten. Im Winter sowie im Sommer stellt er seine Tätigkeiten aufgrund von Frost oder Trockenheit weitestgehend ein und verkriecht sich in tiefere Bodenschichten. Von Ende Mai bis Anfang September hält er dort auch einen Sommerschlaf. Im Sommer und Winter wird der Regenwurm durch mechanische Eingriffe in den Boden, wie es das Umgraben darstellt, deshalb nicht gestört. Sehr zum Leidwesen des Regenwurms wird der Boden im Garten jedoch überwiegend im Herbst und im Frühjahr bearbeitet.

Jeder Eingriff in den Boden und jede, wie auch immer geartete, Handlung im Garten beeinflussen die empfindlichen Tiere. Neben einer Zu- oder Abnahme der Regenwurmgesamtpopulation im Garten kann es zu Veränderungen in der Artenzusammensetzung kommen.

Eine Abnahme der Population entsteht durch Bearbeitungsgeräte wie Spaten, durch rotierende Geräte wie die Fräse und das Gefressenwerden der durch die Bearbeitung an die Bodenoberfläche gelangten Regenwürmer. Indirekte Effekte auf Zu- und Abnahme werden durch das Einarbeiten der Nahrung in den Boden und die Zerstörung der Gangsysteme ausgelöst. Am stärksten durch intensive Bodenbearbeitungsverfahren betroffen sind Arten, die sich von Streu von der Bodenoberfläche ernähren. Der zu diesen Arten zählende häufig vorkommende Tauwurm erholt sich aufgrund seiner langsamen Entwicklung und geringen Vermehrungsrate nur sehr zögerlich nach einer Dezimierung der Population. Tief grabende Arten mit festen Wohngängen wie der Tauwurm können durch eine geringe Bearbeitungsintensität und ein hohes Futterangebot mit Kleegras (Gemenge verschiedener Klee- und Grassorten), Grünbrache oder auch aufgebrachtem Mulchmaterial und eine lang andauernde Bedeckung des Bodens gefördert werden.

Bei der Bodenbearbeitung ausgegrabene Regenwürmer finden bei bedecktem Himmel in den Boden zurück. UV-Licht dagegen tötet Regenwürmer. Auch sehr trockene Erde erschwert ausgegrabenen Würmern die Rückkehr in den Boden.

Bodenart

Regenwürmer bevorzugen sandige Lehme. Schwere Tonböden reduzieren ebenso wie sandige Böden die Regenwurmdichte stark. Tonige Böden erwärmen sich schlecht, und es gibt lang andauernde sauerstoffarme Phasen; beides ist für Regenwürmer nicht optimal. Sand hat eine geringe Wasserhaltekapazität, zudem schmirgeln die scharfen Sandkörner an der empfindlichen Oberfläche des Regenwurms.

Bodenchemie
Der Säuregehalt des Bodens ist der wichtigste Faktor bezüglich der Regenwurmaktivität. Die meisten Regenwurmarten bevorzugen schwach saure bis leicht alkalische Böden mit einem pH-Wert zwischen 5,5 und 7,5. Die meisten Gartenböden haben einen pH-Wert in diesem Bereich.

Optimale Lebensbedingungen für Regenwürmer

- Schwach saurer bis leicht alkalischer Boden.
- Sandiger Lehmboden.
- Eine feuchte, sauerstoffreiche, kühle bis mäßig warme Umgebung.
- Geringe Bodenbearbeitungsintensität.
- Keine Bodenbearbeitung im Frühling und Herbst.
- Eine ganzjährige Bedeckung des Bodens.
- Ein großes Angebot an Futter durch abgestorbene Pflanzen wie Kleegras, Grünbrache oder organisches Mulchmaterial.
- Leicht zersetzbares abgestorbenes Pflanzenmaterial mit hohem Stickstoffgehalt und engem C/N-Verhältnis auf der Bodenoberfläche oder in den oberen Zentimetern des Bodens, beispielsweise von Klee, anderen Leguminosen oder Saatsenf.
- Organische Dünger wie Mist und Kompost.

Boden ist nicht gleich Boden

Gleiches Mulchmaterial wirkt je nach Bodentyp anders

Zielsetzung und Wirkung des Mulchens sind in hohem Maße abhängig vom Boden: Bei trockenen Sandböden hält der Mulch die Böden feucht, bei schweren nassen Lehmböden lockt Mulch Regenwürmer an, die mit ihren Gängen den Boden durchlüften. Nährstoffarmer Boden wird durch Mist und Gründüngung kulturfähig für Gemüse oder Stauden.

Boden ist nicht gleich Boden – der Gärtner merkt schnell, dass Böden völlig unterschiedlich sein können. Im Sandboden versickert das Wasser schnell nach einem Regenschauer, Lehm klebt bei Nässe und wird – wenn die Sonne scheint – fest wie Beton, Kohl wächst am liebsten auf nährstoffreichen Lehmböden, Möhren dagegen entwickeln sich mit ihren langen Wurzeln besser im Sandboden.

Angepasstes Mulchen tut jedem Bodentyp gut

Trotz dieser Unterschiede sind alle Böden dankbar für eine Mulchdecke – die Ziele, die man erreichen möchte, die Absicht, mit der man mulcht, bestimmen jeweils die Art des Mulchens. Durch Erfahrung lernt man schnell: So ruft ein staubiger Sandboden in der Mittagshitze förmlich nach einer Abdeckung, und tatsächlich – unter den liegen gebliebenen Kohlblättern auf dem Nachbarbeet ist der Boden feucht und kommt ohne Gießen aus.

Nehmen Sie Ihren Boden in die Hand!

Die Bodenart lässt sich einfach durch die Handprobe bestimmen:
Formen Sie mit der Hand eine Rolle aus einer kleinen Menge Bodenmaterial.
Fällt die Rolle gleich wieder auseinander, handelt es sich um Sandboden. Hält die Rolle ohne Risse zusammen, handelt es sich um Ton- oder Lehmboden. Wenn sich Risse bilden, ist Sand enthalten. Sand und kleine Steine kann man auch fühlen, wenn man das Material zwischen den Fingern zerreibt. Tropft beim Zusammendrücken Wasser aus dem Material, handelt es sich um einen stark humosen Boden oder um einen Torfboden.

Bodentypen

Bodenart	Nährstoffgehalt	Erwärmung	Wasserhalte-vermögen	Mulchen
Sand	nährstoffarm, »mager«; wird erst durch Humus kulturfähig	erwärmt sich schnell	oft trocken; geringes Wasser-haltevermögen	hält den Boden feucht; Erosionsschutz; Humusbildung
Ton	nährstoffreich; »fett«	erwärmt sich langsam; neigt zu Luftmangel; Mulch- und Kompost-schichten verlangsamen die Erwärmung des Bodens stark	Wasser staut sich	lockert den Boden; fördert Regenwürmer
Lehm (Mischung Sand/Ton/Schluff)	genügend Nährstoffe	erwärmt sich je nach Körnung langsam oder schnell	gutes Wasserhalte-vermögen ohne stauende Nässe	lockert den Boden; fördert Regenwürmer
Moor	nährstoffarm	erwärmt sich kaum; kalter, wasserreicher Boden; Gefahr von Spätfrösten	wasserreicher Boden; keine Trockenheit	erhöht den Nährstoff-gehalt des des Bodens

Bodenbearbeitung

Tiefes Umgraben nur in Ausnahmefällen, Lockern immer

Den Boden lockern, ihn wenden, ein Saatbeet vorbereiten, Unkrautjäten – das sind wesentliche Arbeiten im Garten, die körperlich anstrengend sind und viel Zeit kosten, die einem Gärtner aber trotzdem lieb und teuer sein können. Das Bedecken des Bodens kann diese Arbeiten erleichtern und verringern – ganz wird man auf Spaten, Grabeforke und Unkrauthacke nicht verzichten können.

Die Grabeforke ist das Universalgerät im Mulchgarten. Mit ihr wird Stroh geschichtet oder der Boden unter dem Mulch gelockert. Mit Giersch bewachsene Flächen werden mit der Grabeforke gesäubert.

Die scharfe Unkrauthacke dient dazu, Gründüngung abzuschlagen, die an Ort und Stelle auf dem Beet verrotten soll.

Grabeforke, Spaten, Sauzahn und Unkrauthacke leisten gute Dienste im Mulchgarten (von links nach rechts)

Bodenbearbeitung im Mulchgarten

- **Schwere Lehm- und Tonböden** lassen sich nur mit dem Spaten kultivieren: Bevor man im Frühjahr mulcht, wird das Beet umgegraben. Dadurch wird der Boden gelockert und verfestigt sich unter der Mulchdecke nicht. Während des Sommers kann auf den Spaten verzichtet werden. Im Herbst kann wie im Frühjahr umgegraben werden, der Boden friert dann »kaputt« und zerkleinert sich. Diese Herbstfurche sollte man aber vom Zustand des Bodens abhängig machen: Ist der Boden locker und krümelig, ist das herbstliche Graben unnötig.
- Bei **sandigen und moorigen Böden** reicht eine Grundlockerung mit dem Sauzahn oder der Hacke. Der Sauzahn (Bio-Bodenlüfter) ist gut für leichte Böden geeignet, aber auch bei schweren Böden kann mit ihm zwischen den Reihen gelockert werden. Vor allem im Mai, wenn alles gekeimt und gepflanzt ist, wird vor dem Abdecken mit geeigneten Mulchmaterialien noch einmal mit dem Sauzahn zwischen den Reihen gelockert.
- **Trockene und steinige Böden** werden idealerweise mit einer Schlaghacke gelockert. Schlaghacken dienen der Bodenlockerung und dem Mischen von beispielsweise Erde und Mist. Bei steinigen Böden ersetzen sie den Spaten. Es gibt regional sehr verschiedene Hacken, man sollte sich in der Gegend umschauen oder den Nachbarn nach dem passenden Modell fragen.

Fräsen mit Motor zur Bearbeitung des Bodens sind eher untauglich für den Garten. Sie lockern den Boden nur wenige Zentimeter tief. In lehmigen Böden hinterlassen sie eine sehr weiche und schmierige obere »Butterschicht«, während der Boden darunter fest bleibt. Die Messer rotieren schnell und lassen dem Regenwurm keine Chance. Sie zerkleinern auch alle Wurzelunkräuter wie Quecke, anschließend wächst dann aus jedem Queckenstück munter eine neue Pflanze – Fräsen sind eine Queckenvermehrungsmaschine mit Turbo.

Fräsen eignen sich nur für die oberste Bodenschicht

Geeignet ist die Fräse zum Einarbeiten von Mulchmaterial oder Gründüngung in die obere Bodenschicht: Die Fräse wird auf »langsam« gestellt, dann wird die Gründüngung eingearbeitet und mit Erde vermischt, damit sie schneller verrottet. Achtung: Ein zu tiefes Vergraben von Pflanzenresten in sauerstoffarme – tiefere – Bodenschichten führt dazu, dass eingegrabene Pflanzen unter Sauerstoffabschluss silieren. Die dabei entstehenden Substanzen schaden dem Bodenleben. Die Fräse lässt sich auch dazu verwenden, grobe Samen von Bohnen oder Getreide einzufräsen.

Mulchmaterial und Stickstofffixierung

Großen Einfluss auf den qualitativen und quantitativen Nährstoffgehalt des Bodens haben die Zusammensetzung und das Mischen des Mulchmaterials.

Das C/N-Verhältnis erklärt die Wirkung

Die Nährstoffe werden beim Abbau der Mulchmaterialien durch Mikroorganismen freigesetzt. Die Geschwindigkeit des Abbaus richtet sich nach dem Verhältnis von Kohlenstoffgehalt (C = *carbonium)* zu Stickstoffgehalt (N = *nitrogenium)* der Materialien, dem sogenannten **C/N-Verhältnis.**

Die günstigste Relation liegt bei 30 Teilen Kohlenstoff zu 1 Teil Stickstoff. Die Bandbreite für ein günstiges C/N-Verhältnis reicht von 15:1 bis 35:1. 25:1 ist ein guter Mittelwert

Ein im Verhältnis zu hoher N-Gehalt wirkt stark düngend, was den Bedürfnissen vieler Pflanzen nicht entspricht. Viele Pflanzen haben einen mittleren oder geringen Nährstoffbedarf, bei zu viel Stickstoff treiben sie, werden anfällig für Krankheiten und Schädlinge oder entwickeln wässrige Früchte. Außerdem wird bei hohem N-Gehalt ein Teil der Nährstoffe aus dem Material freigesetzt, bevor die Pflanzen sie nützen können – die Nährstoffe werden ins Grundwasser ausgewaschen und gehen für das Pflanzenwachstum verloren. Beispiele für Mulchmaterialien mit einem verhältnismäßig hohen Stickstoffgehalt sind Mist oder Rasenschnitt.

Purer Mist und Rasenschnitt sind zu stickstoffreich

Ein im Verhältnis zu hoher C-Gehalt dagegen verzögert die Rotte. Ist der Anteil von Kohlenstoff (wesentlich) höher als der Stickstoffanteil, spricht man von einem weiten C/N-Verhältnis (siehe Tabelle Seite 42f.). Mulchmaterialien mit einem weiten C/N-Verhältnis bestehen zu einem überwiegenden Teil aus Kohlenstoff und zu einem geringen Teil aus Stickstoff. Zu diesen stickstoffarmen Mulchmaterialien gehören beispielsweise Sägespäne, Holz- und Rindenhäcksel oder Stroh. Die Mikroorganismen, die diese Materialien zersetzen, benötigen Stickstoff zum Leben, als »Treibstoff« zum Arbeiten. Finden sie nicht genügend Stickstoff im zu zersetzenden Material, leben sie vom Stickstoff aus dem Boden und treten damit **kurzfristig** mit den Kulturpflanzen in Konkurrenz um diese Nährstoffe. Bei den Pflanzen tritt dadurch ein Stickstoffmangel auf, der Wachstumsstörungen zur Folge hat – diesen Vorgang bezeichnet man als **Stickstofffixierung.** Nach dem Absterben der Kleinstlebewesen und dem Ende der Rotte steht der Stickstoff wieder zur Verfügung, **langfristig** findet also eine Stickstofffreisetzung statt. Allerdings kann dies, beispielsweise bei Sägespänen, bis zu drei Jahre dauern.

Stroh und Rindenhäcksel führen zu Stickstofffixierung

Das alleinige Mulchen mit einem Material mit weitem C/N-Verhältnis ist kurzfristig also nachteilig für die Nährstoffversorgung der Pflanzen. Die nachteilige Wirkung lässt sich aber dadurch mindern, dass dem stickstoffarmen Material andere, stickstoffhaltige Materialien wie Grasschnitt, Mist oder Hornmehl beigemischt werden.

Auch eine Kombination mit Gründüngung (siehe Seite 69ff.), direkt in die Mulchdecke gesät, vermindert Stickstoffverluste. Alle Gründüngungspflan-

C/N-Verhältnisse verschiedener Materialien

Es gibt Materialien, die mehr kohlenstoffhaltig (C) sind, und andere, die mehr stickstoffhaltig (N) sind. Ein zu hoher N-Wert setzt einen Teil der Nährstoffe zu früh frei, ein zu hoher C-Wert verzögert die Rotte.

Optimal ist ein C/N-Verhältnis von 30:1. In der Praxis ist eine intensive Vermischung unterschiedlicher Stoffe von großer Bedeutung für eine gezielte Rotte.

Bei Holzspänen, Sägemehl, Getreidestroh und einigen Arten Nadelstreu und Laub, die ein weites C/N-Verhältnis haben, empfiehlt sich die Beimengung von frischem organischem Material wie Küchenabfällen oder Mist.

Material	C/N-Verhältnis	mehr dazu auf Seite
Mist		
– Rindermist	15:1	54
– Schweinemist	15:1	54
– Pferdemist	20:1	54
– Geflügelmist	13:1 – 18:1	54
– Kaninchenmist	13:1 – 18:1	54
– Frischmist, strohig (Mist und Stroh, gemischt im Verhältnis 1:2)	35:1	53ff.
belebter Schlamm (Teich)	6:1	67f.
Gartenerde	10:1 – 15:1	
Laub		
– gemischt	50:1	47ff.
– Esche	21:1	47ff.
– Ulme	28:1	47ff.
– Linde	37:1	47ff.
– Lärche	113:1	47ff.

Material	C/N-Verhältnis	mehr dazu auf Seite
Nadelstreu		
– gemischt	60:1	48
Rasenschnitt	10:1 – 30:1	55f.
Heu	50:1	57
Stroh		
– Getreidestroh, gemischt	100:1	49ff.
– Weizenstroh	125:1	49ff.
– Roggenstroh	65:1	49ff.
– Leguminosenstroh (Erbsen, Bohnen)	15:1	72f.
Kartoffelkraut	25:1	10
Beinwell	10:1	57f.
Gartenabfälle (frisch)	7:1	
Küchenabfälle	23:1	60 / 96
Rindenmulch		
– Fichte	30:1	65f.
– Pinie	66:1	65f.
Papier	300:1	84f.
Holzspäne		
– frisch	200:1	90f.
– alt	500:1	90f.
Sägemehl (frisch)	200:1	90f.
Torf (Weißtorf, Schwarztorf)	50:1	92

zen sind wasserreiche Blattpflanzen mit günstigem C/N-Verhältnis.

Die Mischung macht's!

In der Praxis des Mulchens ist also die Vermengung unterschiedlicher Substanzen von großer Bedeutung, und die Düngewirkung des Mulches ist abhängig vom Mulchmaterial: Während stickstoffhaltige Materialien schnell (und manchmal zu schnell) eine Düngewirkung entfalten, kann es bei stickstoffarmen Materialien kurz- und mittelfristig, in erster Linie im aktuellen Jahr, zu Blockaden und Engpässen kommen. Langfristig steigt der Humusgehalt durch Mulchen allerdings.

Das Mulchmaterial

Überlegen und zielgerecht einsetzen

Legen Sie Ziele fest!

Was möchte ich mit dem Mulchen erreichen? Zu welchem Zweck mulche ich? Das sind die entscheidenden Fragen, die man sich beantworten sollte, bevor man mit der praktischen Arbeit im Garten beginnt. Erst wenn die Ziele klar sind, ist erfolgreiches Mulchen möglich. Denn undifferenziertes Abdecken hat nicht nur keinen Erfolg, sondern schadet zudem Pflanzen und Boden nachhaltig.

Was soll erreicht werden?

- Die Abdeckung beziehungsweise der **Schutz** des Bodens, das Halten von Feuchtigkeit, das Verhindern von Erosion, die Unterdrückung von Unkraut: Hier eignen sich kohlenstoffhaltige Materialien wie Laub und Stroh.
- Die **Düngung** des Bodens: Hier eignen sich stickstoffhaltige Materialien und frisches organisches Material wie Mist, Grasschnitt, Gemüseabfälle.
- Die **völlige Abdeckung** des Bodens, um beispielsweise eine Wiese in einen Acker zu verwandeln: Hier ist Folie, Pappe oder Vlies geeignet.
- Die **Bodenerwärmung:** Dann sollte man Lavagrus, Steine oder Kies nehmen.
- Der **Schutz** des Bodens **bei gleichzeitiger Düngung:** Am besten eignet sich ein Gemisch aus holzigen und stickstoffhaltigen Materialien. Praktische Beispiele sind die Mischungen von Stroh und Mist oder von Laub und Rasenschnitt.

Welche Qualität?

Schadstoffe chemischen Ursprungs können die Qualität des Mulchmaterials beeinträchtigen:

- ▷ **Halmverkürzer** und **Pestizide** finden sich teilweise im Stroh, lassen die Gemüsepflanzen kümmern und gelangen als Rückstände in die Früchte.
- ▷ An Rinde und Laub können **Schwermetalle** haften, insbesondere an Straßenlaub, das die Gemeinden sammeln und kostenlos zur Verfügung stellen.
- ▷ Auch **Kompost aus Kompostierungsanlagen** kann hochbelastet sein (siehe Seite 60).

Achten Sie auf Gütezeichen, Qualität und Herkunft!

Damit der Garten über die Jahre nicht zur Sondermülldeponie wird, sollte man immer Erkundigungen über Qualität und Herkunft des Mulchmaterials einholen, bevor man es im Garten ausbringt. Achten Sie bei Kompost und Rindenmulch auf Gütezeichen. Noch besser ist es, alles im eigenen Garten zu erzeugen. Auch natürliche Schadstoffe können dem Erfolg des Mulchens entgegenwirken:

- ▷ Die in bestimmten Materialien wie Rinde, Sägespänen, frischem Häcksel und Laub vorkommenden **Gerbstoffe** und **Harze** wirken keimhemmend und behindern ein Aufgehen der Saat. Die keimhemmende Wirkung von Gerbstoffen und Harzen reduziert sich auf ein verträgliches Maß, wenn man das gerbstoff- oder harzhaltige Material mit anderen Mulchmaterialien mischt (siehe auch Seiten 47f., 66 und 90f.).
- ▷ Frischer Häcksel kann mit **Schadpilzen** und Krebs behaftet sein (siehe Seite 92).

Achtung: *Da sich die Materialien der Mulchschicht auf dem Beet nicht wie bei der Kompostrotte erhitzen und Keime nicht abgetötet werden, müssen die Materialien frei von Schädlingsbefall sein. Also alles, was nach Krankheiten oder Schädlingen aussieht, aussortieren!*

Mulchziel: Schutz

Für jedes Mulchziel – Schutz, Düngung, Strukturverbesserung, Abdeckung oder Bodenerwärmung – gibt es passende Mulchmaterialien.

Schutz durch Laub und Stroh

Für Schutz und Abdeckung des Bodens sorgen vor allem kohlenstoffhaltige Materialien wie Laub und Stroh. Sie halten den Boden außerdem feucht, verhindern Erosion und unterdrücken das Wachstum von Unkraut.

Laub und Laubkompost

Laub ist ein sehr ökologisches Mulchmaterial

Laub ist das wichtigste Mulchmaterial im Garten, denn normalerweise fällt es in großen Mengen an, es muss kaum transportiert und gehäckselt werden und ist schon deshalb ökologischer als zugekaufte Materialien. Es ist weich und verrottet schnell. Das C/N-Verhältnis liegt bei gemischtem Laub, wie es meist aufgrund unterschiedlicher Bäume und Sträucher im Garten anfällt, bei etwa 50:1.

Mulchen mit Laub

Mulchen mit Laub entspricht am ehesten der Situation im Wald.

Laub ist allerdings nicht gleich Laub – die folgende Aufzählung soll einen Eindruck von den Eigenschaften unterschiedlicher Laubsorten vermitteln:

- **Birkenlaub** ergibt eine besonders gute Komposterde.
- **Buchenlaub** ist stark kalkhaltig und als Zusatz zu Mist oder Rasenschnitt gut für den Gemüsegarten geeignet.
- **Eichenlaub** ist säurehaltig und zersetzt sich langsam. Aufgrund seiner Säure eignet es sich gut für Heidelbeeren oder Rhododendron.
- **Walnuss-, Kastanien- und Platanenlaub** enthält viele Gerbstoffe und wirkt dadurch keimhemmend. Daher sollte es, auch im verrotteten

Zustand, nicht auf Gemüsebeeten verwendet werden. Es kann einfach unter dem Baum liegen bleiben oder den Boden unter großen Gehölzen bedecken. Auch Wege und Spielplätze lassen sich damit abfedern.

▷ **Kiefern-, Lärchen- oder Tannennadeln** sind sehr sauer. Sie sollten deshalb mit alkalischem Laub vermengt werden.

▷ **Obstbaumlaub,** zum Beispiel Apfel-, Birnen- oder Kirschlaub, ist mild und lässt sich gut verwenden.

Laub im Herbst unter Bäumen liegen lassen

Laub kann man im Herbst als Schutz für den Winter einfach unter Bäumen und Sträuchern liegen lassen. Im Frühjahr ist die Verrottung meistens schon so weit fortgeschritten, dass die Laubreste und das verrottende Laub unter den Bäumen liegen bleiben können. Laub auf dem Rasen muss allerdings abgeharkt werden, da sich sonst Schimmel auf dem Gras bildet.

Zum Mulchen sollte Laub nie pur genommen werden, da sich in Verbindung mit Nässe eine kompakte Matte bildet, unter der sich Schimmel bilden kann. Der Gasaustausch wird reduziert, und der Boden »erstickt« förmlich unter dem Mulch. Abhilfe schafft hier das Mischen mit trockenluftigen Substanzen wie Stroh oder Rinde.

Herbstzauber

Die folgende Mischung hat sich bewährt: Verschiedene Laubsorten mischen, mit etwas Erde vermischen; wenn das Laub zu nass ist, gehäckseltes Stroh zufügen, für den Gemüsegarten stärker mit zerkleinerten Gemüseabfällen oder Gründüngungsresten mischen. Die Beete damit als Frostschutz in einer Schichtdicke von fünf bis acht Zentimetern eindecken. Im Frühjahr Reste abharken. Mit den Resten lassen sich beispielsweise Gehölze mulchen.

Mulchen und Düngen mit Laubkompost

Alternativ kann Laub auch in einer Miete zur Kompostierung aufgesetzt werden (siehe auch Seite 94ff.); gegebenenfalls werden Erde und Kalk zugesetzt, wodurch sich die Rotte beschleunigt. Achtung: Für Rhododendren und Azaleen darf kein Kalk im Laubkompost gewesen sein. Himbeeren, Johannisbeeren, Brombeeren, Erdbeeren und Stachelbeeren jedoch mögen solch einen kalkhaltigen, schwach sauren Humus. Dieser angerottete Laubkompost kann schon nach wenigen Monaten auch zum Mulchen für Gehölze und im Staudenbeet verwendet werden.

Beerenobst profitiert von angerottetem Laubkompost

Für den Gemüsegarten muss Laub vollständig kompostiert werden, da vorher durch die Gerbstoffe Keimhemmungen auftreten. Nach ein bis zwei Jahren ist der Kompost fertig und ausgezeichnet als Blumenerde im gesamten Garten nutzbar; die Erde ist auch als Dünger für Mittelzehrer wie Zwiebeln oder Möhren geeignet. Für stark zehrende Gemüse wie Kohl und Stauden mit hohem Nährstoffbedarf wie Pfingstrosen oder Rittersporn ist sie als alleiniger Dünger nicht geeignet.

Lauberde für den Gemüsegarten

Stroh

Stroh wird im landwirtschaftlichen Betrieb gewonnen und kann oft problemlos dort bezogen werden.

Getreidestroh hat je nach Kornart ein sehr weites C/N-Verhältnis von 50:1 bis 100:1. Dadurch verrottet es nur schwer und hat den Nachteil der Stickstofffixierung (siehe Seite 40ff.). Darüber hinaus sind im Stroh kaum Nährstoffe enthalten, das heißt, die unmittelbare Düngewirkung auf die Kulturpflanzen ist gering.

Verwendet man zudem Getreidestroh aus der konventionellen Landwirtschaft zum Mulchen im

Wann ist Kompost fertig?
Um festzustellen, ob Kompost fertig ist, das Material also ausreichend verrottet ist, macht man die Keimprobe: Das Kompostmaterial hierfür in eine Schale füllen und Gartenkresse aussäen. Keimt der Samen nicht oder nur lückenhaft, oder sind die Pflanzen krumm und blass, ist der Kompost noch nicht fertig. Ist der Kresserasen gleichmäßig und dunkelgrün, ist der Kompost fertig.

Garten, können chemische Rückstände aus dem Getreideanbau in den Garten gebracht werden. Im Getreideanbau werden beispielsweise Halmverkürzer eingesetzt, welche die Standfestigkeit der Getreidepflanze erhöhen. Sie hemmen das Wachstum der Pflanze, machen sie kurz und gedrungen. Da sich diese Chlorverbindungen nicht abbauen, kommt es zu Wuchsstörungen bei den Gartenpflanzen.

Stroh am besten aus ökologischer Landwirtschaft

Gerste wird nicht mit Halmverkürzern behandelt, da der Halm schon von Natur aus sehr kurz ist, auch Triticale, Roggen oder Hafer werden nicht immer mit Halmverkürzern gespritzt – deshalb sollte man den Landwirt fragen, um welches Stroh es sich handelt und ob Halmverkürzer gespritzt wurden. Am besten ist es, ausschließlich Stroh aus der biologischen Landwirtschaft zu verwenden, da dort keine Halmverkürzer eingesetzt werden.

Vorsicht Unkrautsamen!

Ein weiterer Nachteil von Stroh ist, dass sich in ihm, gerade auch bei Stroh aus Bio-Anbau, oft Unkrautsamen befinden, die dann munter im Garten sprießen. Distel und Quecke finden so beispielsweise den Weg in den Garten.

Der große Vorteil von Stroh liegt in seiner Eigenschaft als strukturierendes Material: Da es sperrig ist, eignet es sich gut, um Gras, Gemüseabfälle oder Mist aufzulockern.

Mulchen mit Stroh

Stroh passt in viele Mulchrezepte

Stroh gibt es als Ballen in unterschiedlichen Ballengrößen: Es gibt Rundballen, die kaum ohne Maschinen transportiert werden können, und Kleinballen (HD-Ballen), die man bei landwirtschaftlichen Bezugsgenossenschaften und beim Bauern kaufen kann. Die Ballen sind mit Bändern aus Kunststoff oder Sisal gebunden, die nicht mit im Mulch landen sollten, da sie nicht verrotten (Kunststoff) beziehungsweise mit Öl (Sisal) getränkt sind.

Daneben gibt es Stroh auch gehäckselt oder als Spelzen bei Mühlenbetrieben, das sich besser ausstreuen und hacken lässt.

Stroh kann zu jeder Jahreszeit aufgetragen werden, die Schichtdicke kann bis zu zwanzig Zentimeter betragen. Wird Stroh als alleiniger Mulch verwendet, sollte es recht dick aufgelegt werden: Da es sperrig und locker ist, gelangt bei zu dünner Auflage Sonnenlicht auf die Erde und Unkrautsamen keimen.

Mehr Düngekraft dank Brennnesseljauche

Damit Stroh mehr Düngekraft erhält und die Rotte beschleunigt wird, kann es – nachdem man es auf dem Beet verteilt hat – mit Brennnesseljauche übergossen werden. Auch Kompostwasser (zwei Schaufeln Kompost aufgelöst in zehn Liter Wasser) kann hierzu dienen.

Trotz einiger kritischer Punkte ist Stroh ein wichtiger Rohstoff zum Mulchen, da es in großen Mengen verfügbar ist und gut mit anderen Materialien kombiniert werden kann.

Miscanthus-Arten

Miscanthus-Arten sind winterharte, ausdauernde Riesengräser. Auf nährstoffreichen, frischen bis feuchten Böden entwickeln sie sich besonders gut. Für den Ziergarten gibt es verschiedene Varianten, die sich durch Höhe oder Farbe unterscheiden;

Chinaschilf *(Miscanthus sinensis giganteus)* beispielsweise wird bis zu drei Meter hoch. Zum Winter hin vergilben die Pflanzen, und im Herbst oder zeitigen Frühjahr ist der vollständige Rückschnitt der Halme erforderlich.

Chinaschilf ist nährstoffreicher als Stroh

Zum Mulchen können sowohl die frischen Blätter und Stängel wie auch im Herbst und Winter die vertrockneten Pflanzen genommen werden. Das Material hat wie Stroh vor allem strukturierende Eigenschaften, ist aber viel nährstoffreicher als dieses. Am besten zerkleinert man es im Schredder und mischt es mit anderen Materialien wie Grasschnitt, Laub oder Kompost.

Andere Pflanzen

Große Blätter, beispielsweise von **Rhabarber** oder **Beinwell (Comfrey)** (siehe auch Seite 57f.), eignen sich gut als Abdeckung für Dunkelkeimer und für Zweijahresblumen; der Boden bleibt unter den Blättern schattig feucht und leidet nicht unter der Sommerhitze.

Meerrettich schützt vor Monilia

Auch **Meerrettich** bildet große Blätter, die ideal zum Mulchen sind. Sie werden unter Steinobst auf die Baumscheibe (siehe Seite 120ff.) gelegt und schützen so vor der Pilzerkrankung Monilia. Auch die Unterpflanzung von Obstgehölzen mit Meerrettich ist ein altes Hausmittel gegen diese Erkrankung.

Andere Blätter helfen bei Schädlingen oder wirken düngend: Zwar ist die Verjauchung oder die Herstellung einer Brühe und ihr Einsatz im Garten in der Regel wirksamer und auch einfacher in der Anwendung, da die Brühe direkt auf die Pflanzen gesprüht wird, in einigen Fällen wirken aber auch Blätter, die zwischen die Reihen oder um die Pflanzen gelegt werden.

- ▷ **Tomatenblätter** zwischen Kohlpflanzen vertreiben den Kohlweißling.

▷ **Hanf** wirkt gegen schwarze Läuse.
▷ **Brennnesseln** (ohne Samen) wirken düngend und gegen Insekten.
▷ **Rhabarberblätter** zwischen Porree sollen gegen die Lauchmotte wirken.
▷ Ein **Kräutergemisch** zwischen den Gemüsereihen, geschnitten im Kräutergarten oder auf der Wiese, irritiert Gemüsefliegen durch seinen Geruch.

Mulchziel: Düngung

Mist, Tang und Beinwell liefern Nährstoffe

Für die Düngung des Bodens eignen sich stickstoffhaltige Materialien und frisches organisches Material wie Mist, Grasschnitt oder Gemüseabfälle. Auch Beinwell (Comfrey), Seetang und Algen versorgen den Boden mit Nährstoffen.

Mist

Mist für Tomaten, Kürbis, Rosen und Obst

Wer Mist hat, sollte sich glücklich schätzen. Mist ist ein wertvoller Dünger und als solcher insbesondere für Starkzehrer im Gemüsegarten wie Kohl, Porree, Tomaten, Gurken oder Kürbis, Rosen sowie Stauden und Obstgehölze aller Art geeignet. In Kombination mit stickstoffarmen Materialien wie Stroh, Sägespänen oder Rinde entfaltet Mist seine Wirkung optimal.

Ein wertvolles Mulchmaterial ist die Mischung aus Mist und Stroh im Verhältnis 1:2, da solch eine Mischung viel Stickstoff enthält und ein ausgewogenes C/N-Verhältnis von 35:1 (siehe auch Seite 40ff.) aufweist.

Mist niemals pur verwenden!

Als alleiniges Mulchmaterial ist Mist allerdings nicht geeignet: Mist ohne Beimengung von Stroh hat ein sehr enges C/N-Verhältnis von 15:1 und wirkt aufgrund des hohen Stickstoffanteils sehr triebig auf das Pflanzenwachstum.

Mist ist jedoch nicht gleich Mist:

▷ **Rindermist** ist sehr ausgewogen und nicht zu hitzig. Er hat ein C/N-Verhältnis von 15:1.

▷ **Schweinemist** ist ein kalter Mist, er hat einen hohen Wassergehalt, seine Umsetzung kommt nur langsam in Gang und er braucht lange zur Verrottung. Schweinemist kann vorgetrocknet oder mit Laub oder Stroh gemixt verwendet werden. Er hat ein C/N-Verhältnis von 15:1.

▷ **Pferdemist** wird leicht trocken und hat weniger Nährstoffe als andere Mistarten (C/N-Verhältnis von 20:1). Seine Umsetzung kommt schnell in Gang. Geachtet werden muss auf Beimengungen, denn Pferdemist ist oft mit Holzspänen aus imprägniertem Holz aus den Ställen durchsetzt.

▷ **Geflügel- und Kaninchenmist** ist sehr stickstoffreich und oft zu »scharf« für die direkte Anwendung. Daher sollte er mit anderen Mistarten vermengt werden. Sein C/N-Verhältnis beträgt 13:1 bis 18:1.

Generell sollte nur Mist aus biologischer Tierhaltung benutzt werden, von Tieren, bei deren Haltung nur in Maßen unerwünschte Substanzen (Medikamente, Antibiotika und anderes) zum Einsatz kommen.

Mist vom Biobauern oder aus dem Pferdestall

Bezugsquellen für Mist können beispielsweise Pferdeställe oder Bauern sein. In der Zeitung gibt es manchmal Anzeigen wie »Pferdemist gratis abzugeben«. Oder man besucht den nächsten Biobauern und fragt dort nach Stallmist. In ländlichen Gebieten gibt es Bauern, die im Frühjahr Mist verkaufen und ihn manchmal sogar bis vor das Gartentor transportieren. Ansonsten kann man getrockneten »Rinderdung« abgepackt in Tüten kaufen – fürs Mulchen muss dieser Trockendung erst eingeweicht werden.

Kalter und heißer Mist
Durch die Aktivität der je nach Mistart anderen Bakterien erwärmt und zersetzt sich Mist unterschiedlich schnell – es entsteht mehr oder weniger Hitze. Ursachen für die unterschiedliche Bakterienzusammensetzung sind das je nach Tierart unterschiedliche Futter und die Verdauung der Tiere.

Mist sollte erst zu einem Kegel aufgesetzt werden, bevor man ihn mit anderen Mulchmaterialien mischt und auf den Beeten verteilt (siehe Seite 94ff.). Dabei verliert er seine Hitze, und die Nährstoffe werden pflanzenverfügbar. Frischer Mist auf den Beeten lockt »Ungeziefer« an und sollte daher nicht zum Mulchen verwendet werden.

Ohne Miete nur die halbe Miete!

Gras

Gras fällt im Frühjahr und Sommer fast wöchentlich als Rasenschnitt oder beim Mähen von Wiesen und Grabenkanten an. Gras ist stark wasserhaltig und hat je nach Zusammensetzung ein für die Düngung günstiges C/N-Verhältnis von 10:1 bis 30:1.

Grasschnitt, vermischt oder angewelkt, düngt ausgezeichnet

Beim Mulchen mit Rasenschnitt besteht die Gefahr des »Verpappens« und der Fäulnis, da die Halme sehr fein sind und in dichter Lage zwischen ihnen nicht genügend Sauerstoff vorhanden ist. Das Gras verklebt und reduziert den Gasaustausch, der

Sommerglück
Eine bewährte Mischung: Rasenschnitt mit Wildkräutern (ohne Samen) und Stroh im Verhältnis 3:2:1 mischen. Geeignet für den Wildkräuteranteil sind Brennnesseln, frische gehäckselte Laubzweige (Holunder oder Obstschnitt) oder Kräuter vom Wegesrand wie Rainfarn. »Abschmecken« mit einer Prise Erde oder Kompost. Für alle Mulchbeete mit Ausnahme der Kräuterbeete geeignet.

Rasenschnitt braucht Sauerstoff

Boden »erstickt«. Beim Mulchen mit Gras sollte dieses deshalb nur sehr dünn aufgetragen beziehungsweise mit Stroh oder Brennnesseln, die sehr grobe Stängel haben, vermischt werden.

Auch ein Anwelken des Rasenschnitts auf dem Rasen fördert die Mulch- und Kompostfähigkeit, weil sich das Gras beim Trocknen krümmt und dadurch »luftiger« wird.

Dafür gibt es spezielle Mulchmäher, die den Rasenschnitt sehr fein zerkleinern, sodass er an Ort und Stelle verrotten kann, ohne den Rasen zu ersticken. Wird der Rasenschnitt nicht als Mulch benötigt, ist dies eine gute Methode, da der Rasen gleichzeitig gedüngt wird.

Ein Mulchmäher recycelt das geschnittene Gras vor Ort. Das Schnittgut wird im Mähergehäuse zerkleinert und auf dem Rasen verteilt.

Unerwünschte Samen in Wiesenschnittgut und Heu

Wird eine Wiese hingegen nur zweimal im Jahr gemäht, ist ein Mischen des Schnittgutes mit grobem Material nicht nötig, da die Grasstängel verholzen und das Material in der Mulchdecke oder im Kompost nicht so stark verfilzt.

Achtung: Gräser und Kräuter einer Wiese sollten vor der Blüte geschnitten werden, damit keine Samen in die Mulchmischung gelangen.

Heu

Heu, also Gras, das beim Mähen einer Wiese anfällt und anschließend meist getrocknet wird, ist in der Regel nährstoffreicher und damit stärker düngend als Stroh, weil es oft auch Kräuter enthält.

Heu eignet sich kaum zum Mulchen

Doch Achtung: Häufig sind in Heu Samen tragende Gräser und Kräuter enthalten. Bei Feuchtigkeit keimen die Samen. Aus diesem Grund ist die Nutzung von Heu als Mulchmaterial meist abzulehnen: Es gilt abzuwägen, in welchen Gartenbereichen und in welchem Ausmaß man möglichen Unkrautwuchs tolerieren kann.

Je älter Heu zudem ist, desto weniger eignet es sich als Mulchmaterial wie auch als Futtermittel: Aus dem Heu verflüchtigen sich mit zunehmender Lagerdauer die nährstoffreichen Eiweißverbindungen.

Wird Heu zum Mulchen verwendet, gilt das Gleiche wie für frisches Gras: Heu ist sehr fein und verfilzt bei Feuchtigkeit leicht. Als dünne Mulchschicht oder vermischt mit anderen Materialien kann es nach Abwägung der individuellen Umstände eingesetzt werden.

Beinwell

Beinwell ist ein Toplieferant für Kalium

Beinwell *(Symphytum officinale)*, auch Comfrey genannt, ist eine ausdauernde Pflanze, die bis zu eineinhalb Meter hoch werden kann. Der Stängel ist kräftig und saftig, und die behaarten Blätter können bis zu einem halben Meter lang werden. Von Mai bis September trägt die Pflanze glöckchenartige Blüten, deren Farbe von Weiß über Gelb bis zu Violett variiert. Beinwell wächst wild auf nassen Wiesen, an Gräben und Ufern und liebt einen nassen, stickstoffhaltigen Boden.

In der Naturheilkunde wird Beinwell als Mittel bei Verstauchungen oder Magenkatarrh geschätzt.

Beinwell sollte in jedem Garten wachsen – die attraktive Pflanze ist eine Bienenweide und ergibt wertvollen Dünger

Die Heilwirkung der Pflanze beruht auf ihrem Gehalt an Allantoin, einer Substanz, die zellbildend wirkt.

Beinwell ist eine vitale Pflanze, die mehrfach im Jahr geschnitten werden kann. Sie enthält in allen Pflanzenteilen sehr viel Eiweiß, Mangan, Calcium, Phosphor, Stickstoff und Kalium.

Kalium ist im biologischen Gartenbau oft Mangelware und kann, verzichtet man auf künstlichen Dünger, nur über Holzasche und vielleicht noch kompostierte Farne in den Boden gebracht werden. Daher ist Beinwell sehr wertvoll und sollte in keinem Garten fehlen. Das C/N-Verhältnis von Beinwellkraut liegt bei 10:1.

Die klein gehackten Blätter können als Mulch überall im Garten Verwendung finden:

- zwischen den Gemüsereihen,
- unter Beerensträuchern, da hierdurch Mangelerscheinungen wie Kaliummangel, der bei Beerensträuchern häufig ist, behoben werden können,
- als Dünger für Erdbeeren (während der Blüte ist Kaliummangel häufig),
- als Schutz des Komposthaufens vor Austrocknung (hierfür die Blätter nicht klein hacken).

Beinwelljauche

Beinwelljauche ist ein gutes Düngemittel, da sie sehr stickstoff- und kaliumhaltig ist. Dazu ein Kilogramm frische Beinwellblätter mit zehn Liter Wasser ansetzen und – je nach Wärme – etwa eine Woche lang vergären lassen. Die Jauche dann im Verhältnis 1:10 mit Wasser verdünnen und über den Boden, Kompost oder den Wurzelbereich einer Pflanze gießen.

Seetang und Algen

Tang für Mangold, Kohl und Rote Bete

Seetang, Seegras und Algen, die nach einem Sturm oft den ganzen Strand bedecken, sind an der Küste und auf den Inseln ein altes Hilfsmittel zur Bodenverbesserung, weil sie einen hohen Gehalt an Nährstoffen und Spurenelementen haben. Auf den sandigen Küstenböden ist die Anlage von Gärten häufig erst durch den Einsatz solcher Küstenmischungen möglich. Früher wurden zur Stickstoffanreicherung oft Fischreste mit eingegraben, was allerdings nicht empfehlenswert ist, da sie Ratten anlocken.

Naturgemäß haben Tang und Algen einen hohen Salzgehalt, der sich aber zum großen Teil abwäscht beziehungsweise durch Haufenkompostierung (siehe Seiten 63ff. und 96) abgebaut wird. Das Salz hat keinen negativen Einfluss auf den Boden, sondern wirkt im Gegenteil positiv bei Pilzerkrankungen.

Aufgrund des Salzgehaltes eignen sich Tang und Algen pur (also nicht mit anderen Mulchmaterialien vermischt) für Kohl, Mangold und Sellerie. Auch Rote Bete mag diese Küstenmischung aus Seetang und Algen gern.

Mulchziel: Schutz, Düngung und Strukturverbesserung kombiniert

Kompost und Gründüngung erfüllen viele Ziele

Eine Kombination von Schutz, Düngung und Strukturverbesserung verspricht das Mulchen mit Materialien wie Kompost, Rindenprodukten und Sumpfpflanzen. Sehr nützlich ist diesbezüglich auch die Gründüngung.

Kompost

Kompost ist ein vielseitiger Gesell – er eignet sich als Grunddünger, zur Anreicherung mit Nährstoffen oder auch direkt als Pflanzerde. Reifer Kompost wird zum Mulchen nur sparsam im Frühjahr verwendet und oberflächlich eingearbeitet. Halb reifer Kompost, auch vermischt mit Stroh und Blättern, ist ein gutes Mulchmaterial. Er zersetzt sich auf dem Boden weiter und lockt den Regenwurm an. Im Verlauf des Abbaus aktiviert sich das Bodenleben.

Mehr Humus und Bodenleben durch Kompost

Kompost entsteht bei der Verrottung organischer Abfälle – aus Grünabfällen wie Baumschnitt, Laub und Rasenschnitt sowie Küchenabfällen aus der Biotonne. Als Bodenverbesserungsmittel findet Kompost im Gartenbau und in der Landwirtschaft Verwendung. Aber auch Hobbygärtner schätzen die Qualität von Kompost und stellen ihn im eigenen Garten her. Kompost erhöht den Humusgehalt, fördert das Bodenleben und verbessert die Struktur des Bodens, beispielsweise das Wasserhaltevermögen. Er enthält alle für das Pflanzenwachstum nötigen Nährstoffe wie Stickstoff, Phosphor, Kalk, Kali und Magnesium – allerdings im Gegensatz zu anderen Düngemitteln nur in sehr geringen Maßen: Bezogen auf die Trockenmasse liegt der Stickstoffgehalt von Kompost bei 0,7 bis 1,5 Prozent. Zum Vergleich: Rindermist hat einen Stickstoffgehalt von 2,8 Prozent und Hornmehl einen Gehalt von 8 bis 10 Prozent. Kompost ist also eher ein »Grunddünger«, der den Boden verbessert und Humus vermehrt.

Schwermetalle und Salz machen Probleme

Viele Kommunen sammeln Bioabfälle und kompostieren sie in Großanlagen. Neben den Nährstoffen gelangen mit Kompost **aus der Kompostierungsanlage** häufig aber auch Schadstoffe in den Boden. Dies sind insbesondere Schwermetalle, die im Kompost in höherer Dosis vorkommen als zum Beispiel im Rindermist: So liegt der Bleigehalt von Kompost bei durchschnittlich 54 Milligramm pro Kilogramm Trockenmasse, in Rindermist liegt er bei 6 Milligramm pro Kilogramm Trockenmasse. Ursachen hierfür sind die vielfältigen Quellen für Kompost aus der Kompostierungsanlage wie Essensreste, Hausmüll, Industrieabfälle, Laub, Straßenkehricht und anderes. Für Kompost, der verkauft werden soll, gelten Grenzwerte für den Gehalt an Schwermetallen, die in verschiedenen Verordnungen festgelegt sind. Es gibt Gütezeichen, die vergeben werden, wenn die Schadstoffwerte innerhalb bestimmter Grenzen liegen. Ein solches Zeichen – das Gütezeichen Kompost – wird beispielsweise von der Bundesgütegemeinschaft Kompost e. V. vergeben. Auch Hauskompost ist nicht unbedingt schadstofffrei: Seine Belastung mit Schadstoffen lässt sich jedoch steuern, indem man belastete Stoffe wie Straßenlaub nicht zum Kompost gibt.

Achten Sie auf Gütezeichen!

Das zweite Problem von Kompost aus der Kompostierungsanlage ist der hohe Salzgehalt. Das Salz stammt beispielsweise von Essensresten. Davon sind Regenwürmer und andere Lebewesen nicht begeistert, auch viele Kulturpflanzen reagieren negativ auf eine zu hohe Salzdosis.

Hauskompost oder Kompost aus der Biorotte?

Aus qualitativer Sicht ist Kompost aus der kontrollierten und zielgerecht überwachten Rotte der Kommunen sehr viel besser als der Hauskompost, da er hygienisiert ist, wenig Unkrautsamen und durch die hohe Hitzeentwicklung wenig Keime enthält. Er kann aber – wie beschrieben – mehr Schadstoffe und Salz enthalten. Eigener Hauskompost hat demgegenüber jedoch eine wichtige Funktion im Nährstoffkreislauf des Gartens. Ob man diesen Kreislauf im Garten mit eigenem Kompost fördert oder »hygienischen« Kompost aus der Kompostierungsanlage kauft, hängt vor allem davon ab, ob man genug Kompost im eigenen Garten hergestellt hat. Im langjährig bewirtschafteten Garten wird dies der Fall sein. Bei einem neuen Garten, bei der Neuanlage von großen Staudenbeeten oder bei der

Pflanzung einer langen Hecke, wenn es noch keinen Kompost gibt oder er nicht ausreicht, bietet sich Kompost aus der Kompostierungsanlage an.

Mulchen und Düngen mit reifem Kompost

Bei der Feststellung, ob Hauskompost oder zugekaufter Kompost fertig, reif ist, kann die Keimprobe helfen (siehe Seite 50).

Wie lässt sich reifer Kompost in der Mulchwirtschaft einsetzen?

Reifer Kompost wärmt im Frühjahr den Boden

Reifer Kompost sollte **vor** Vegetationsbeginn, also im März, ausgebracht werden, damit er seine Stärke als Bodenerwärmer – durch seine dunkle Farbe erwärmt er sich und damit den Boden gut – und Strukturverbesserer ausspielen kann. Beim Herrichten der Beete wird der Kompost ausgestreut und leicht mit der Hacke oder dem Sauzahn oberflächlich eingearbeitet – nicht einfach ausstreuen und liegen lassen, da der Kompost auf diese Weise nach dem Ausbringen vertrocknet. Anschließend kann ohne weitere Bearbeitung ausgesät oder gepflanzt werden. Im späten Sommer und Herbst sollte Kompost nicht mehr ausgebracht werden, da Pflanzen zu dieser Jahreszeit nur noch einen geringen Nährstoffbedarf haben und es zu Auswaschungen der Nährstoffe kommt. Zwar speichern Ton-Humus-Komplexe in geringem und je nach Bodenart unterschiedlichem Umfang Mineralstoffe. Am besten vor Auswaschung in das Grundwasser geschützt sind die Nährstoffe, wenn Pflanzen sie aus dem Boden aufnehmen und vorübergehend – bis sie selbst absterben – in ihren Pflanzenkörpern speichern.

Halb reifer Kompost

Auch wenn der Kompost noch nicht ganz verrottet ist, also Bestandteile wie Zweige, Eierschalen oder Laub noch gut erkennbar sind, kann er bereits zum

Mulchen genutzt werden. Die »Endverrottung« findet dann direkt auf dem Boden statt, was den Regenwurm freut (siehe auch Seite 28ff.).

Für Saatbeete eignet sich halb reifer Kompost nicht, da er keimhemmende Stoffe wie Gerbstoffe aus halb verrottetem Laub enthalten kann. Auf Pflanzbeeten im Gemüsegarten dagegen kann das halb verrottete Material die Erde bedecken: Kohl, Sellerie und Porree können direkt in solch eine Mulchdecke gepflanzt werden.

Halb reifer Kompost für Pflanzbeete

Dies leitet über zu einem alten »Streitthema« im ökologischen Landbau:

Flächen- oder Haufenkompostierung?

Eine Erweiterung des Mulchens ist die Kompostierung in der Fläche. Darunter versteht man die Verrottung von organischen Materialien an Ort und Stelle, auf den Beeten und Kulturflächen. Flächenkompostierung hat das Ziel, den Boden mit gehaltvollem Kompost anzureichern. Die Ziele sind die gleichen wie bei der Haufenkompostierung: Erhöhung der Bodenfruchtbarkeit und Schaffung einer guten Nährstoffbasis für die Pflanzen. Flächenkompostierung geht also über das Mulchen zur Abdeckung und Unkrautbekämpfung hinaus.

Zersetzung an Ort und Stelle, aber ...

Der große Vorteil der **Flächenkompostierung** gegenüber der Haufenkompostierung ist, dass die Umsetzungs- und Zersetzungsprozesse direkt auf dem Boden, an Ort und Stelle, stattfinden. Der Regenwurmbesatz schnellt in die Höhe, und es entsteht ein lockerer Boden. Nachteile sind sicher, dass die Verrottung stärker mit der Umwelt korrespondiert, sich Stickstoff teilweise in die Luft verflüchtigt, das Material bei Sonnenschein trocken und nach einem Gewitter klitschnass ist und in kühlen Zeiten wie im Herbst und Winter die Gefahr der Nährstoffauswaschung besteht.

... stärkerer Einfluss äußerer Umweltfaktoren

Geschütztere Rotte im Haufen

Im **Komposthaufen,** bei der Haufenkompostierung, ist die Rotte hingegen geschützt wie in einem Haus, es entsteht ein »eigener Organismus«. Durch die Hitze werden Schadorganismen und Samen abgetötet und die Rotte beschleunigt. Aber auch bei der Haufenkompostierung tauchen zum Teil die gleichen Probleme auf wie bei der Flächenkompostierung: Beispielsweise entgast Stickstoff oder er wird ausgewaschen. Bei solch einer Auswaschung sammelt sich unter dem Komposthaufen Stickstoff in großem Maße im Grundwasser, eine punktuelle Belastung mit hoher Konzentration ist oft umweltbelastender als die Streuung in der Fläche.

Ob Flächen- oder Haufenkompostierung angewendet wird, ist sowohl eine Frage der Gewohnheit als auch der räumlichen Gegebenheiten; bei einem großen Garten wird man immer freie Beete zur Flächenkompostierung haben, bei intensiver Nutzung kann der Haufen oder Kasten sinnvoller sein. Und nicht zuletzt spielt bei der Entscheidung auch das persönliche Ästhetikempfinden eine Rolle.

Flächenkompostierung in der Praxis

Maximal drei Zentimeter dick

Bei der Flächenkompostierung sind die Regeln der optimalen Kompostherstellung, wie man sie von der Kompostherstellung in Mieten oder Behältern her kennt, nicht außer Kraft gesetzt.

Bei der Flächenkompostierung wird mit einer Schicht von einem halben bis drei Zentimeter gearbeitet; bei dickeren Schichten tritt Fäulnis auf, und die Schnecken vermehren sich sprunghaft. Die Schicht kann ständig erneuert werden. Während der Keimzeit von Samen sollte kein frisches Material aufgebracht werden. Pflanzen ist während der Kompostierung auf dem Beet nur begrenzt möglich; lediglich Starkzehrer wie Sellerie und Kohl können direkt in den halb fertigen Kompost gesetzt werden.

So kompostieren Sie in der Fläche

- Das Material sollte eine **große Bandbreite** umfassen: wasserreiches Gras, Mist, gehäckselte Strauchreste, Gemüseblätter und Ähnliches.
- **Kalk und Gesteinsmehle** unterstützen die Rotte und versorgen den Boden mit Mineralstoffen.
- Das Material muss **feucht** sein und darf nicht austrocknen. Gegebenenfalls muss gewässert werden.
- Zur Düngung sind schwer verrottbare Substanzen wie Laub und Stroh nicht geeignet. Sie dienen allenfalls als Beimengung zur Strukturierung von Rasenschnitt oder »feuchten« Abfällen.
- Keine Lebensmittelreste kompostieren! Essensreste locken Ratten an.

Rindenprodukte

Rinde ist nährstoffreicher als Hackschnitzel

Rinde fällt als »Abfallstoff« beim Schälen von Bäumen an. Sie ist, insbesondere diejenige von Kiefern, sehr weich und verrottet schneller als Späne und Häcksel aus dem Holzkern (siehe Seite 90ff.). Durch den direkten Kontakt mit Luft und Wasser ist Rinde nährstoffreicher als der Holzkern und enthält Spurenelemente.

Kontrolliert werden die Rindenprodukte durch die »Gütegemeinschaft Substrate für Pflanzen e. V.«, die das RAL-Gütezeichen verteilt. Das Gütezeichen Rinde legt Qualitätsstandards fest. Neben den Anforderungen an die Funktionalität der Produkte werden auch Umweltaspekte wie der Schwermetallgehalt und der Gehalt an lindanhaltigen Pflanzen- oder Holzschutzmittel-Rückständen berücksichtigt.

Die Unabhängigkeit des Zeichens ist allerdings eingeschränkt, da die Gütegemeinschaft durch die Erdenhersteller selbst gebildet wird. Trotzdem macht das umfassende Überwachungsverfahren, das einsehbar und transparent ist, das Zeichen glaubwürdig.

Rindenprodukte für das Mulchen und Düngen

- **Rindenmulch** ist rohe, zerkleinerte Rinde, meist von Fichten oder Kiefern, gelegentlich auch von Pinien aus Spanien, die in unterschiedlichen Stärken (Körnungen) angeboten wird. In erster Linie wird Rindenmulch zum Abdecken und Verschönern von **Gartenwegen** genommen (»Dekomulch«). Die solchermaßen bedecken Wege trocknen nach einem Regenguss schneller ab. Zudem wird Unkraut durch natürliche wachstumshemmende Inhaltsstoffe des Rindenmulchs (unter anderem Gerbstoffe und Harze) unterdrückt. Auch für **Kinderspielplätze,** beispielsweise unter Schaukeln und Rutschen, ist Rindenmulch ideal, da er abfedernd wirkt und nicht wie Sand verschlämmt oder als Katzentoilette dient. Zur Bodenabdeckung im **Gehölzbereich** wird er ebenfalls genutzt. Die optimale Schichtdicke für die genannten Einsatzbereiche beträgt fünf bis zehn Zentimeter. Für **Blumen- und Gemüsebeete** hingegen ist Rindenmulch aufgrund der wachstumshemmenden Inhaltsstoffe ungeeignet.
- **Rindenhumus** ist zerkleinerte und fermentierte Rinde. Für Rindenhumus wird die Rinde in großen Mieten aufgesetzt und unter Zugabe von mineralischen Düngern (beispielsweise Harnstoff) kompostiert. Dabei wird die Rinde von Mikroorganismen aufgeschlossen, und die Nährstoffe werden für die Pflanzenwurzeln verfügbar. Diese Kompostierung dauert bis zu achtzehn Monate; im Endprodukt ist die Rinde noch sichtbar. Rindenhumus ist ein idealer Baustoff im Garten: Er kann zur Bodenabdeckung bei allen Neuanpflanzungen (Schichtdicke fünf Zentimeter) oder zur Verbesserung des Bodens verwendet werden. Rindenhumus eignet sich als wichtiges Mulchmaterial für Stauden, Gehölze, für die Bodenvorbereitung vor einer Rasenaussaat, für Obstgehölze und für schwach zehrende Gemüse wie Möhren und Zwiebeln. Für Starkzehrer wie Kohl, Gurken oder Kürbis ist das Material weniger gut geeignet. Rindenhumus hat ein weites C/N-Verhältnis und ist stickstoffarm.
- **Rindenkultursubstrate** sind Mischungen von Rinden mit organischen Düngern, Komposten oder auch Torf. Zulässig sind laut RAL-Gütezeichen (siehe auch Seite 61) »mineralische, synthetische und organische Stoffe«. Man sollte sich die beigemengten Zutaten immer genau anschauen. Weiße Flocken beispielsweise deuten auf Beimi-

schungen von Styropor hin. Rindenkultursubstrate kommen ebenso wie **Rindenkompost** und **Rindenerde** nicht als Mulchmaterialien zum Einsatz, sondern werden als Pflanz- und Blumenerde genutzt.

Sumpfpflanzen

Sumpfpflanzen sind vital und nährstoffreich

Als Sumpfpflanzen (Helophyten) bezeichnet man Pflanzen, die in einem Boden wurzeln, der mehr oder weniger feucht beziehungsweise überflutet ist – beispielsweise feuchter Wiesengrund oder Ufer –, deren Blätter und Blüten sich aber im Luftraum befinden.

Sumpfpflanzen sind beispielsweise Bittersüßer Nachtschatten *(Solanum dulcamara)*, Blutweiderich *(Lythrum salicaria)*, Buntes Wasser-Sumpfgras *(Glyceria maxima)*, Gelbe Sumpfschwertlilie *(Iris pseudacorus)*, Glanzgras *(Phalaris arundinacea)*, Kalmus *(Acorus calamus)*, Rohrkolben *(Typha latifolia)*, Schilf *(Phragmites australis)*, Teichsimse *(Scirpus lacustris)* oder Ufersegge *(Carex riparia)*.

All diesen Pflanzen ist gemeinsam, dass sie sehr gute Mulchpflanzen sind – kräftig, vital und nährstoffreich: Am Teich- oder Seerand wachsen Pflanzen sehr viel üppiger als auf dem Land. Der Grund hierfür liegt im meist hohen Nährstoffgehalt der Gewässer aufgrund eingeschwemmter Nährstoffe von Äckern oder aus dem Garten. Auch das herbstliche Laub, das in den Teich fällt, erhöht den Nährstoffgehalt.

Wo die räumliche Möglichkeit gegeben ist, können die Pflanzen um eine Wasserfläche angepflanzt werden, beispielsweise um einen Teich, um eine Sumpffläche oder entlang eines Baches. Oft gibt es auch Senken auf dem Grundstück, in denen sich Wasser sammelt: Diese eignen sich besonders gut als Standort für Sumpfpflanzen, weil dort andere Pflanzen schlecht gedeihen. Einige der genannten

Wo nichts anderes wächst

Sumpfpflanzen wie Rohrkolben und Schilf sind sehr wuchsfreudig und deshalb nicht für einen kleinen Gartenteich und Garten geeignet.

Auch an öffentlichen Gewässern wachsen oft Schilf und Binsen, die regelmäßig gemäht werden müssen, damit das Gewässer nicht verlandet: Bitte immer erst den Grundstückseigentümer oder die zuständige Behörde um Erlaubnis fragen, bevor man sich eigenhändig ans Mähen macht!

Kein Schilf vom Reetdach!

Schilf von alten Reetdächern, wie man es in Norddeutschland problemlos erhält, wenn Dächer neu gedeckt werden, ist nicht als Mulchmaterial empfehlenswert, da es oft voller Ruß und Ungeziefer ist.

Zum Mulchen sollten die Pflanzen geschreddert werden – oft reicht ein Zerkleinern mit dem Beil.

Sumpfpflanzen sorgen für Klarheit

Sumpfpflanzen und Unterwasserpflanzen werden oft auch als Reinigungspflanzen oder Repositionspflanzen *(Reposition:* Wiederherstellung) bezeichnet, da sie Sauerstoff produzieren, Nährstoffe aufnehmen und Schadstoffe abbauen können. In Pflanzenkläranlagen wie Nachklärbecken in kommerziellen Anlagen oder auch Kleinanlagen macht man sich diese Eigenschaften zu Nutze.

Exkurs: Gründüngung

Gründüngung ist eine Form der Düngung, die mit lebenden Pflanzen an Ort und Stelle erfolgt. Die Zersetzungsprodukte der abgestorbenen Gründüngungspflanzen düngen die nachfolgenden Pflanzen, die Wurzeln lockern den Boden und der Pflanzenbewuchs schützt den Boden vor Sonne und Regen. Die Blüten bieten vielen Insekten Nahrung. Gründüngung umfasst einen festen Kanon von Pflanzen, die sogenannten Gründüngungspflanzen, die diese positiven Wirkungen auslösen.

Lebendmulch – grüne Decken für den Boden

Bevor der (synthetische) Mineraldünger tiefgreifend die Landwirtschaft und ihre Kulturmaßnahmen veränderte, war die Untersaat, Zwischenfrucht oder Nachkultur mit speziellen Pflanzen wie Klee oder Lupinen, die den Boden mit Stickstoff anreichern, ihn durchwurzeln und viel Grünmasse zum Humusaufbau bilden, das A & O in der Landwirtschaft. Ein ausgefeiltes Management des Pflanzenanbaues von Humus mehrenden und Humus zehrenden Pflanzen sorgte dafür, dass der Boden nicht ermüdete.

Anfang des 20. Jahrhunderts war die Hochzeit der Gründüngung; ältere landwirtschaftliche Lehrbücher und Fachzeitschriften enthalten ausführliche Artikel und Erkenntnisse zu diesem Thema. Ab den 30er-Jahren wurde es dann still um Rotklee und Luzerne, und im Zeitraum nach 1955, bedingt durch einen niedrigen Ölpreis und dadurch preiswerten und einfach einsetzbaren künstlichen Dünger, fanden sich allenfalls noch Raps oder Ölrettich auf den Äckern.

In der biologischen Landwirtschaft, wie auch in Sonderkulturen und im Obstbau, blieb die Gründüngung allerdings weiterhin eine zentrale Maßnahme zur Bodenverbesserung, zur Düngung und zum Humusaufbau.

Funktionen der Gründüngung

Gegenüber Mulchsystemen, bei denen das Material **auf** den Boden aufgebracht wird, hat die Gründüngung den Vorteil, dass die Pflanzen mit ihren lebendigen Wurzeln den Boden lockern beziehungsweise verdichtete Schichten aufbrechen. Darüber hinaus sind einige dieser Pflanzen ergiebige Nahrungsquellen für Insekten und Bienen sowie als Tierfutter und für die menschliche Ernährung nutzbar.

Geschickt in die Kulturfolge von Gemüse und Obst eingebaut, ist die Effizienz von Gründüngung oft höher als die Effizienz organischer Mulchmaterialien. Beispiel Obstbaum: Bei einer mit organischen Materialien gemulchten Baumscheibe (siehe Seite 120ff.) verflüchtigt sich ein Teil der Nährstoffe in die Luft, ein anderer Teil wird ausgewaschen und erreicht die Wurzeln des Obstbaumes nicht. Und nicht zuletzt findet bei einigen Materialien eine Stickstofffixierung (siehe Seite 40ff.) statt.

Eine Gründüngung mit Lupinen, ergänzt mit Klee, ausgesät um den Baum oder als Vorkultur vor der Pflanzung des Baumes, durchwurzelt den Boden tief und schafft Platz für die Obstbaumwurzeln. An den Wurzeln der Lupine bilden sich Knöllchen, in denen Stickstoff deponiert ist, der den Obstbaum genau auf Höhe seiner Wurzeln ohne Verluste düngt.

Mulch und Gründüngung

Mulchen mit organischen Materialien und Gründüngung sind keine konkurrierenden Systeme der Bodenbedeckung. Im Gegenteil, sie ergänzen sich, die Möglichkeiten der Fruchtbarkeitssteigerung werden größer. Zudem sind die Grenzen zwischen Gründüngung und Mulchen mit organischen Materialien fließend: Abgeschnittene Gründüngungspflanzen sind wertvolles Mulchmaterial, und in Mulchdecken kann Gründüngung gesät werden. Im Obstgarten habe ich beispielsweise immer sowohl Gründüngung als auch Mulchen angewandt: Mist und Stroh unter jungen Bäumen, Lupinen und Phacelia bei älteren Bäumen und ausdauernde Kleeweiden bei alten Obstwiesen.

Dennoch wird man in der Gartenpraxis einen Schwerpunkt wählen: Die Entscheidung richtet sich nach dem Boden, den kultivierten Pflanzen und der Verfügbarkeit des Materials. Hat man wenig Mulchmaterial, wird man Gründüngung einsäen. Auch ein schwerer Boden spricht für verstärkte Gründüngung, da er sich durch diese Maßnahme lockert. Vielen Gärtnern ist auch einfach das Hantieren mit Unmengen von Stroh und Gras zu schwer: Da ist Grünmulch aus der Samentüte eine gute Alternative.

Auch an die Tierwelt sollte man bei der Entscheidung und Wahl der Pflanzen denken: Beispielsweise sind blühende Gründüngungspflanzen wie Phacelia als Futterpflanzen für Bienen sehr gut geeignet.

Sollen Mulch und Gründüngung kombiniert werden, ist Folgendes zu beachten: In trockenem Mulchmaterial keimt kein Samen – wenn das Material jedoch angefeuchtet ist oder der Samen unter dem Mulch auf der Erde liegt, keimt er.

In eine Mulchschicht aus Getreidestroh können grobe Samen eingesät werden: Nach dem Aussäen wird der Mulch mit dem Schlauch gewässert, ein Teil der Samen wird dadurch auf den Boden unter den Mulch »gespült«, der andere Teil verbleibt im feuchten Mulch. Bei Trockenheit muss nachgewässert werden. Mit vielen Gründüngungs- und auch Getreidesamen können durch diese Methode gute Ergebnisse zustande kommen.

Gründüngungspflanzen

Die große Anzahl der Gründüngungspflanzen mag verwirrend sein. Bei genauerem Betrachten ist diese Vielfalt ein großes Plus, da sich für jedes Ziel und letztlich jeden Garten die geeignete Pflanzenart finden lässt.

Im Folgenden werden die wichtigsten Gründüngungspflanzen vorgestellt, weitere Pflanzen und Informationen listet eine Überblickstabelle auf (siehe ab Seite 80).

Gründüngung hat im Garten vielfältige Funktionen

- **Bindung von Luftstickstoff** durch Knöllchenbakterien, die in Symbiose mit den Wurzeln der Gründüngungspflanzen leben.
- Lieferung von **Kompost- und Mulchmaterial.**
- **Begrünung** des Bodens und Unterdrückung von Unkraut.
- **Durchwurzelung** des Bodens und damit eine organische Lockerung und Vermeidung von Staunässe.
- **Stickstoffretention:** Überschüssiger Stickstoff im Boden wird durch die Aufnahme in die Gründüngungspflanzen nicht ausgewaschen, was besonders im Herbst sehr günstig ist, wenn der Nähstoffbedarf der Kulturpflanzen nur noch gering ist.
- **Schutz** in Form einer grünen Winterdecke für den Boden.
- **Vorbereitung des Bodens** bei der Neuerschließung eines Gartens: Viele Gründüngungspflanzen sind wichtige Pionierpflanzen (siehe Seite 73).

Leguminosen

Die Leguminosen werden auch Schmetterlingsblütler genannt. Zu den Leguminosen gehören Hülsenfrüchte (Körnerleguminosen) wie Erbsen, Ackerbohnen, Lupinen, Sojabohnen und Erdnüsse und kleeartige Futterpflanzen wie Luzerne, Rotklee und Esparsette. Gemeinsam ist all diesen Pflanzen, dass sie natürliche Stickstofflieferanten sind.

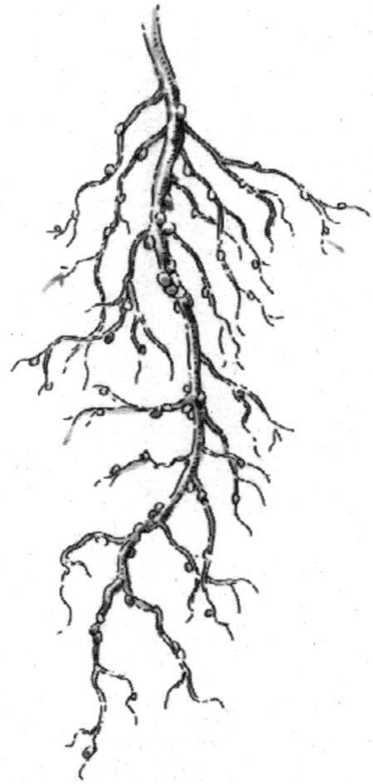

Wurzel einer Leguminose mit Wurzelknöllchen: Die Knöllchenbakterien machen Luftstickstoff für die Pflanze verfügbar

Zieht man diese Pflanzen aus der Erde und betrachtet ihre Wurzeln, so stellt man stecknadelkopfgroße Verdickungen fest: die »Wurzelknöllchen«. Diese werden von Bodenbakterien aus der Familie der Rhizobien (Knöllchenbakterien) erzeugt, die in echter Symbiose mit den Pflanzen leben. Die Bakterien wandeln Luftstickstoff in Aminosäuren und Amide (Eiweißverbindungen) um, die dann nach dem Absterben der Pflanzen als pflanzenverfügbarer Stickstoff im Boden zurückbleiben. Die Produktionsleistung dieser Bakterien ist groß: Bei Rotklee beträgt sie beispielsweise dreihundert Kilogramm Stickstoff pro Hektar und Jahr.

Gute Leguminosen für die Gründüngung im Garten

- **Lupine:** als Hauptkultur oder nach frühen Gemüsearten.
- **Inkarnatklee (Pferdeklee):** kann bis Mitte August gesät werden.
- **Perserklee:** als Vorkultur.
- **Rot- und Weißklee** (ausdauernd), **Schwedenklee.**
- **Sommer-, Winter- und Zottelwicke:** günstig zusammen mit Lupinen.
- **Futtererbse, Platterbse, Peluschke.**
- **Ackerbohne:** Aussaat im Frühjahr, bleibt ganzjährig auf dem Beet.

Lupine

Lupinen sind bekannte Vertreter der Leguminosen. Von den weltweit rund zweihundert bekannten Lupinenarten *(Lupinus)* gibt es derzeit drei, denen eine größere landwirtschaftliche Bedeutung zukommt: die Blaue Lupine mit anteilsmäßig zweiundneunzig Prozent der Anbaufläche *(Lupinus angustifolius)*, die Weiße Lupine *(Lupinus albus)* und die Gelbe Lupine *(Lupinus luteus)*. Neben ihrer Nutzung als Bodenverbesserer und Zierpflanzen werden Lupinen aufgrund ihres hohen Eiweißgehaltes auch für die menschliche und tierische Ernährung genutzt. Allerdings sind dafür nur Süßlupinen geeignet, denen durch Züchtung die giftigen Bitterstoffe entzogen wurden.

Lupinen sind besonders gute Gründüngungspflanzen für lehmige und tonige Böden

Die Standortansprüche der Weißen, Gelben und Blauen Lupine sind unterschiedlich, gemeinsam ist ihnen jedoch, dass sie auf hohe Kalkgehalte sehr empfindlich reagieren. Bevorzugt werden leichte, gut durchlässige Böden, deren pH-Werte zwischen 6 und 6,8 liegen. Lupinen wachsen aber auch auf extremen Standorten wie Lehmböden. Als Gründüngung verbessern sie solche Böden. Lupinen sind nicht mit sich selbst verträglich, eine Anbaupause von mindestens vier Jahren vor einer erneuten Aussaat sollte eingehalten werden.

Pionierpflanzen

Pionierpflanzen nennt man Pflanzen, die als erste Pflanzen auf freien, kahlen Flächen siedeln – auch auf extremen Standorten. Sie bereiten den Boden für die nachfolgende Vegetation vor, werden dann aber meist durch diese wieder verdrängt.

Bei der Anlage eines neuen Gartens verbessern Pionierpflanzen Struktur und Nährstoffangebot des Bodens für die Neuanpflanzungen. Beispiele für Pionierpflanzen sind Lupine oder Serradella.

Rotklee
Die Leguminose Rotklee *(Trifolium pratense)* ist ein ausdauernder Klee und wichtiger Bestandteil von Wiesen. Ihre Blüten, angeordnet zu roten Köpfen, sind einfacher aufgebaut als bei den anderen Schmetterlingsblütlern. Die Blüten verfügen über eine lange Röhre, die nicht von allen Insekten, insbesondere nicht von Honigbienen, nach Nektar abgesucht werden kann. Neuere Kleesorten haben kürzere Blütenröhren und sind bienenfreundlicher.

Rotklee war früher eine wichtige Gründüngungspflanze: Bis zum 19. Jahrhundert wurde in Deutschland und Mitteleuropa die Dreifelderwirtschaft betrieben: im ersten Jahr Sommergetreide, im zweiten Jahr Wintergetreide, im dritten Jahr Brache, das spärliche Unkraut wurde von Tieren gefressen. Durch Aussaat von Klee statt Brache im dritten Jahr und als Untersaat beim Getreide entstand wertvolles Viehfutter. Gleichzeitig wurde der Boden mit Nährstoffen angereichert, sodass in Folge andere Nutzpflanzen besser gedeihen konnten.

Im Garten lässt sich der Rotklee sehr gut als beständige Untersaat im Bereich der Baumscheiben und -streifen unter Dauerkulturen wie Beerensträuchern, Obstbäumen und neben Hecken anbauen.

Kleesaat ist sehr kleinkörnig, und die Aussaat ist etwas schwierig. In der Regel wird bei der Aussaat mit Hand zu viel und zu ungleichmäßig ausgesät. Ein geeignetes Gerät ist die Kleegeige, dessen Anschaffung sich für große Flächen lohnt. Alternativ zu Rotklee kann Weißklee verwendet werden. Zur Kleefamilie gehören neben Rot- und Weißklee auch Schwedenklee, Inkarnatklee, Steinklee, Alexandrinerklee und Perserklee. Diese können wie Rot- und Weißklee verwendet werden.

Kreuzblütler

Die Kreuzblütler *(Brassicaceae* oder *Cruciferae)* sind eine vielfältige Familie von Krautpflanzen mit scharf-würzigen Pflanzensäften. Zu den Kreuzblütlern gehören beispielsweise Radieschen, Meerrettich, Kresse, Saatsenf sowie alle Kohlarten. Viele Kreuzblütler sind unter sich nicht verträglich, da Schädlinge oder Pilzkrankheiten während einer Kulturfolge nacheinander oder gleichzeitig verschiedene Kreuzblütler befallen können. Werden auf dem gleichen Beet nacheinander immer wieder Kreuzblütler angebaut, verstärken sich diese Krankheiten. Trotz dieser Schwierigkeiten sollte man bei der Gründüngung nicht auf diese Pflanzenfamilie verzichten. Die Pflanzen wachsen rasch, haben eine Kulturdauer von oft nur sechs Wochen, liefern auf allen Gartenböden ergiebige Erträge an Grünmasse und unterdrücken sehr gut das Unkraut. Sie sind ideal als Nachkultur geeignet und können zum Teil noch im September gesät werden. Im Herbst binden sie nicht benötigten Stickstoff im Boden und verhindern so seine Auswaschung in das Grundwasser. Der Umgang mit Kreuzblütlern ist eine Frage der Planung und der geschickten Fruchtfolge.

Besonders geeignet zur Gründüngung ist Saatsenf. Saatsenf, wegen seiner hellgelben Blüten auch Gelbsenf genannt, kann noch im September gesät werden, das Saatgut ist billig und innerhalb weniger Tage ist das Beet mit einem grünen Pelz überzogen. Im Garten kommt die spät gesäte Pflanze nur sehr selten zum Blühen. Mit den ersten Frösten friert der Senf ab und bleibt als lockerer Mulch auf den Beeten liegen, der im Frühjahr nur abgeharkt werden muss. Oft kann anschließend sofort gepflanzt werden, da der Boden durch diese Vorkultur unkrautfrei ist.

Weidelgras und Getreide

Weidelgras und Getreide als Gründüngung wirken sehr positiv im Garten: Da sie als Pflanzenfamilie im Garten in der Regel nicht vorkommen, können sich Schädlinge und Pilze nicht vermehren. Neben dem einjährigen Weidelgras sind Hafer und Winterroggen zu nennen. Eine Fruchtfolge mit Weidelgras, Hafer oder Winterroggen »macht den Boden gesund«.

Phacelia hat sehr attraktive Blüten, die gerne von Bienen besucht werden – deshalb heißt die Pflanze auch »Bienenfreund«

Phacelia

Phacelia ist eine wunderschöne, blau blühende Pflanze, die sehr gerne von Bienen besucht wird. Phacelia gehört zur Familie der Wasserblattgewächse, einer Familie, die ansonsten im Garten nicht vorkommt. Durch die Integration von Phacelia in die Fruchtfolge wird der Vermehrungszyklus von Krankheiten unterbrochen. Phacelia kann im Frühjahr als Vorfrucht oder im Sommer als Nachfrucht gesät werden. Ein Beet oder ein Teil des Gartens kann auch ganzjährig mit Phacelia kultiviert werden. In Baumschulen und im Erwerbsgartenbau wird die Pflanze bei sogenannter Bodenmüdigkeit zur Regeneration und zur Anreicherung mit organischem Material eingesetzt.

Das Saatgut ist sehr fein, es muss gut eingeharkt werden (Phacelia ist ein Dunkelkeimer) und läuft in wenigen Tagen auf. Da die Kulturzeit kurz ist, kann man einige Pflanzen ausreifen lassen und bekommt auf diese Weise Saatgut in Hülle und Fülle.

Spinat

Spinat ist nicht nur ein schmackhaftes Gemüse; er eignet sich auch gut für die sehr frühe Gründüngung: Als erste Saat wird er im März oder April breitwürfig auf alle Flächen gesät. Soll anschließend Gemüse gesät oder gepflanzt werden, wird mit einer scharfen Hacke ein Streifen frei gehackt und gepflanzt oder gesät. Später, wenn der Spinat zu groß geworden ist und schießt, wird er abgehackt und bleibt zwischen den Reihen liegen. Spinat verrottet sehr schnell.

Buchweizen

Buchweizen, ein Knöterichgewächs, kann ab Mai gesät werden, läuft sehr schnell auf und bedeckt in den Sommermonaten den Boden. Als Saatgut eignet sich auch ungeschälter Buchweizen aus dem Naturkostladen.

Bezüglich der Fruchtfolge gilt das Gleiche wie bei Phacelia: Die Pflanzenfamilie, zu der Buchweizen zählt, kommt im Garten sonst nicht vor, sodass keine spezifischen Krankheiten übertragen werden. Buchweizen ist nicht frosthart.

Buchweizen ist schnellwüchsig, gedeiht auch auf steinigen Böden und hat hübsche weiße oder rosafarbene Blüten

Ringelblumen und Tagetes

Ringelblumen und Tagetes sind eine gute Mischung zur Gesundung des Bodens. Sie wirken gegen Nematoden, kleine Fadenwürmer im Boden, und halten den Boden gesund. Bevor man einen neuen Garten anlegt, kann die Fläche im Jahr zuvor mit Ringelblumen und Tagetes eingesät werden.

Gemenge

Mischungen verschiedener Gründüngungspflanzen optimieren die Gründüngung, die unterschiedlichen Eigenschaften der Pflanzen ergänzen einander: Schwache Pflanzen werden gestützt, niedrige Pflanzen bedecken den Boden, höher wachsende nutzen die Etagen darüber. Es gibt Pflanzen mit feinen und solche mit groben Wurzeln, solche mit Pfahlwurzeln und andere mit breiten Flachwurzeln.

Klassisch ist das **Landsberger Gemenge,** das aus Raygras (Deutsches Weidelgras), Zottelwicken und Inkarnatklee besteht. Es überwintert und kann im Frühjahr flach untergegraben werden.

Das **Rotenburger Combi-Gemenge** besteht aus Leguminosen wie Erbsen, Wicken und Lupine und kann noch sehr spät (im Juli) ausgesät werden.

Für ausdauernde Kulturen kann ein Gemisch aus Gras und Klee gesät werden, das als Weide dient oder als Vorkultur für eine Obstwiese.

Folgende Gemenge bestehen aus Pflanzen, die sich jeweils sehr gut ergänzen. Sie sind nicht frosthart: Saatsenf/Ackerbohnen, Weidelgras/Alexandrinerklee, Sommerwicken/Saatsenf, Saatsenf/Phacelia, Hafer/Sommerwicken, Hafer/Erbsen. Ein frosthartes Gemenge ist neben dem Landsberger Gemenge die Kombination von Winterroggen und Winterwicken.

Sind Sonnenblumen Gründüngungspflanzen?

Mitunter werden auch Sonnenblumen als Gründüngungspflanzen empfohlen. Sonnenblumen sind jedoch Starkzehrer, das heißt, der Boden wird durch sie stark ausgelaugt. Durch ihre Höhe beschatten sie die Gemüsepflanzen, ihre »Rückstände« sind sehr groß und sperrig und müssen gehäckselt werden. Am Rande des Gartens können Sonnenblumen sicher eine Zierde sein und sind – begrenzt – ein Windschutz.

Gründüngung im Jahresverlauf

Überlegen Sie sich, was Sie mit einer Gründüngung in Ihrem Garten erreichen möchten und können und planen Sie die hierfür nötigen Arbeiten ganz konkret für jeden einzelnen Bereich Ihres Gartens. Der folgende Gründüngungskalender kann dabei helfen, die Gründüngung im eigenen Garten umzusetzen.

März

Wir beginnen mit **Spinat,** der im zeitigen Frühjahr, noch im März, auf allen Beeten ausgesät wird. Später wird in der grünen Decke mit einer Hacke Platz geschaffen, dann gesät oder gepflanzt. Wenn der Spinat zu hoch wird und den Kulturpflanzen das Licht nimmt, wird er abgeschnitten. Er verrottet zwischen den Reihen oder landet im Kochtopf.

März und April

Ein Teil des Gartens hat im letzten Jahr nicht recht getragen, der Boden ist sehr fest und nährstoffarm. Hier werden **Ackerbohnen** eingesät, die später blühen und mit ihren Pfahlwurzeln den Boden lockern. Sie bleiben den ganzen Sommer über auf der Fläche.

Unter den jungen Obstbäumen, die im letzten Jahr gepflanzt wurden, wird flach gelockert und eine Mischung aus **Weiß- und Rotklee** eingesät. Als Dauerkultur wird der Klee den Boden viele Jahre lang bedecken und den Baum mit Stickstoff versorgen.

Mai

Zwischen den Reihen im Gemüsegarten wird, wenn dort nicht noch Spinat steht, **Saatsenf** eingesät. Die Senfpflanzen werden später, wenn sie zu groß werden und mit den Kulturpflanzen um Licht und Nährstoffe konkurrieren, abgeschnitten und auf dem Beet als Mulchmaterial liegen gelassen.

Juni und Juli

Im Juni wird das erste Gemüse reif. Als Nachkultur kann man bis Juli noch **Lupinen** säen, die den Boden sehr nachhaltig »bearbeiten«.

August

Im August werden weitere Beete frei, **Phacelia** und **Saatsenf** werden breitwürfig eingesät.

September

Kohl und Lagergemüse werden Ende September geerntet, sehr gut lässt sich auf den abgeernteten Beeten nun **Winterroggen** aussäen.

Beete, auf denen Leguminosen wie Bohnen, Erbsen, Ackerbohnen oder Schwachzehrer wie Salat gewachsen sind, haben viel Stickstoff hinterlassen oder nicht verbraucht, der in der kalten Jahreszeit ohne Stickstoff speichernde Gründüngungspflanzen ausgewaschen würde. Kreuzblütler wie **Raps, Saatsenf** oder **Ölrettich** binden diesen Stickstoff und bewahren ihn für das nächste Jahr.

Einige Beete liegen in Hanglage, hier besteht die Gefahr der Erosion. Durch eine winterharte Gründüngung wie **Inkarnatklee** und **Landsberger Gemenge** wird der Boden gegen Abschwemmung gesichert. Wie beim Mulchen wird hierfür jeder Fleck Erde mit Gründüngung eingesät.

Als Schutz vor dem Winter wird die Hälfte des Gartens mit Winterroggen, ein Drittel mit Landsberger Gemenge und Inkarnatklee eingesät.

Dezember

Der Garten ist mit einem grünen Pelz bedeckt. Im kommenden Frühjahr werden die Pflanzen flach eingegraben und die Senfpflanzenreste abgeharkt.

Gründüngungspflanzen

Pflanze	Saatmenge (g/m^2)	Saattiefe (cm)	Kulturdauer	Stickstoffsammler	Wurzelbildung	Besondere Bodenansprüche
Frühjahrsvorsaaten (Saat ab Anfang März)						
Saatsenf (Gelbsenf)	2 – 4	1 – 2	3 – 5 Wochen	nein	Pfahlwurzler	nein
rasch wachsend; nicht zu häufig säen; Aussaat nicht vor Kohlgewächsen; Bindung von Reststickstoff; macht Phosphat im Boden pflanzenverfügbar; viel Grünmasse; Bienenweide; passt als Gemengekomponente zu Sommerwicken und Phacelia						
Phacelia	2 – 4	1 – 1,5	6 – 9 Wochen	nein	gute Bewurzelung	nein
Bienenweide; Erosionsschutz; Unkrautunterdrückung; Nematodenreduktion						
Ackerbohne	15 – 20	8 – 10	6 – 9 Wochen	ja	Tiefwurzler	nein
gedeiht auch auf sehr trockenen Böden; frosthart (frühe Saat möglich); kann ganzjährig auf dem Beet bleiben; macht Phosphat im Boden pflanzenverfügbar; Erosionsschutz; Unkrautunterdrückung						
Spinat	3 – 4	1 – 2	4 – 7 Wochen	nein	schwache Bewurzelung	Starkzehrer
auch als Mischkultur/Zwischenfrucht geeignet						
Halb- oder ganzjährige Gründüngung (Saat ab März bis Mitte August)						
Perserklee, Alexandrinerklee	5 – 6	1 – 2	6 – 9 Wochen	ja	schwache Bewurzelung	nein
mehrere Schnitte notwendig; auch zur Vorkultur geeignet; Bienenweide; Alexandrinerklee passt als Gemengekomponente zu Weidelgras						
Hafer	16	3 – 4	6 – 9 Wochen	nein	schwache Bewurzelung	nein
mehrere Schnitte notwendig; gut in Kombination mit Wicken und Erbsen; Nematodenreduktion						

Pflanze	Saatmenge (g/m^2)	Saattiefe (cm)	Kulturdauer	Stickstoffsammler	Wurzelbildung	Besondere Bodenansprüche
Futtererbse, Platterbse, Peluschke	15 – 25	3 – 4	8 – 12 Wochen	ja	gute Bewurzelung	nein
gute Gemengekomponenten mit Hafer; Aussaat nicht vor Bohnen und Erbsen; machen Phosphat im Boden pflanzenverfügbar						
Sommerraps	2	2 – 3	2 Monate	nein	Flachwurzler	nein
bevorzugt leicht lehmige Böden; Erosionsschutz; Unkrautunterdrückung; viel Grünmasse						
Tagetes	3	2	3 Monate	nein	Flachwurzler	nein
Nematodenreduktion						
Ringelblume	6	2	3 Monate	nein	Flachwurzler	nein
Nematodenreduktion						
Nicht winterharte Nachsaaten (Saat bis Anfang September)						
Platterbse, Grünschnitterbse	15 – 25	3 – 5	6 – 9 Wochen	ja	gute Bewurzelung	nein
auch als Untersaat bei Kohl, Mais und anderem; machen Phosphat im Boden pflanzenverfügbar						
Buchweizen *schnellwüchsig; frostempfindlich*	10	2 – 4	2 – 3 Monate	nein	schwache Bewurzelung	nein
Inkarnatklee *Saat bis Mitte August; bevorzugt leichte Böden; schöne Blüten*	3 – 4	1	4 Monate	ja	Pfahlwurzler, mittlere Bewurzelung	nein
Sommerwicke (Saatwicke)	10 – 20	3 – 4	6 – 9 Wochen	ja	mittlere Bewurzelung	nein
erträgt Frühfröste; gute Gemengekomponente mit Lupinen, Hafer oder Saatsenf; macht Phosphat im Boden pflanzenverfügbar						

Pflanze	Saatmenge (g/m^2)	Saattiefe (cm)	Kulturdauer	Stickstoffsammler	Wurzelbildung	Besondere Bodenansprüche
Lupine (gelbe, blaue, weiße)	20 – 30	2 – 3	12 – 15 Wochen	ja	Tiefwurzler	empfindlich gegen Kalk
Saat bis Ende Juli; leichte, saure und warme Böden; gedeiht auch auf Lehmböden; nach frühem Gemüse oder als Hauptkultur; Untersaat unter Obstbäumen; Erosionsschutz; Unkrautunterdrückung; macht Phosphat im Boden pflanzenverfügbar						
Phacelia	2 – 4	1 – 1,5	6 – 9 Wochen	nein	gute Bewurzelung	nein
Bienenweide; Erosionsschutz; Unkrautunterdrückung; Nematodenreduktion; passt als Gemengekomponente zu Saatsenf						
Ölrettich	2 – 4	2 – 3	5 – 8 Wochen	nein	sehr guter Tiefwurzler	bevorzugt schwere Böden
Aussaat nicht vor Kohlgewächsen; Bindung von Reststickstoff; viel Grünmasse; Erosionsschutz; Unkrautunterdrückung						
Saatsenf (Gelbsenf)	2 – 4	1 – 2	3 – 5 Wochen	nein	Pfahlwurzler	nein
Aussaat bis Mitte September; rasch wachsend; nicht zu häufig aussäen; Aussaat nicht vor Kohlgewächsen; Bindung von Reststickstoff; macht Phosphat im Boden pflanzenverfügbar; viel Grünmasse; Erosionsschutz; Unkrautunterdrückung; Bienenweide						
Überwinternde Gründüngung (Saat bis Mitte Oktober)						
Zottelwicke	20 – 30	1 – 3	bis Ende April	ja	mittlere Bewurzelung	nein
Aussaat bis Anfang September; gute Gemengekomponente mit Lupinen						
Landsberger Gemenge (Inkarnatklee, Zottelwicke, Raygras)	8 – 10	2 – 3	bis Ende April	ja	mittlere Bewurzelung	nein
Aussaat bis Mitte September; gut vor späten Möhren; auch für Futterzwecke (Kaninchen)						

Pflanze	Saatmenge (g/m²)	Saattiefe (cm)	Kulturdauer	Stickstoffsammler	Wurzelbildung	Besondere Bodenansprüche
Winterroggen	15 – 20	1 – 3	bis Ende April	nein	Flachwurzler	braucht gute Böden
gut für späte Saat im Herbst; verhindert Stickstoffauswaschung; Nematodenreduktion						
Winterrüben	2 – 4	1 – 2	bis Ende April	nein	gute Tiefwurzler	nein
Aussaat nicht vor Kohlpflanzen; nicht zu häufig im Gemüsebau aussäen; frühzeitig einarbeiten; verhindert Stickstoffauswaschung						
Winterraps	4 – 6	1 – 2	bis Ende April	nein	guter Tiefwurzler	bevorzugt feuchte lehmige Böden
Aussaat nicht vor Kohlpflanzen; nicht zu häufig im Gemüsebau aussäen; frühzeitig einarbeiten; verhindert Stickstoffauswaschung; viel Grünmasse						
Ausdauernde Gründüngung, mehrjährige Dauerkultur						
Serradella	20	1 – 2	zweijährig	ja	gute Bewurzelung	gedeiht auch auf sehr trockenen Böden
Aussaat bis Ende Juli; begehrtes Viehfutter						
Esparsette	30	2	mehrjährig	ja	Tiefwurzler	Kalk liebend
Aussaat bis Ende Juli; begehrtes Viehfutter; für Flächen, die in einigen Jahren (mit Obstbäumen) bepflanzt werden sollen						
Luzerne	3	2 – 3	mehrjährig	ja	Tiefwurzler	nein
Aussaat bis Ende Juli; begehrtes Viehfutter; für Flächen, die in einigen Jahren (mit Obstbäumen) bepflanzt werden sollen						
Weißklee	3	1 – 2	mehrjährig	ja	schwache Bewurzelung	nein
Aussaat bis Ende Juli; unter Obstbäumen; Weidepflanze; Bienenweide						
Rotklee	3	1 – 2	mehrjährig	ja	schwache Bewurzelung	nein
Aussaat bis Ende Juli; unter Obstbäumen; Weidepflanze						

Mulchziel: Völlige Abdeckung

Was ein Garten werden soll ...

Völlige Abdeckungen kommen in Frage, wenn »Unland«, bewachsen mit Gras und Kräutern, in Gartenland umgewandelt werden soll (siehe Seite 124f.). Diese gezielte Abdeckung des Bodens kann auch speziellen Zwecken dienen:

- ▷ **»Hygienisierung«:** Schadorganismen aus dem Boden können durch die Abdeckung nicht an der Pflanze aufsteigen. Das betrifft vor allem Tomaten und Kartoffeln.
- ▷ **Sauberkeit:** Früchte wie Erdbeeren und Bohnen verschmutzen nicht, weil sie keinen Kontakt mit der Erde haben.
- ▷ **Geringere Wasserverdunstung:** Vor allem im Gewächshaus, wo die Kulturen auf künstliche (oft zeitaufwendige und anstrengende) Bewässerung durch den Gärtner angewiesen sind, spart die völlige (wasserundurchlässige) Abdeckung des Bodens Wasser.

Für die mehr oder weniger luft- und wasserdurchlässige Abdeckung des Bodens kommen künstliche Mulchmaterialien wie Mulchpapier, Pappe, verschiedene Folien und Vliese zum Einsatz.

Mulchpapier und Pappe

Wellpappe lässt sich gut verlegen

Für eine »Hygienisierung« verwendet man Pappe oder spezielles Mulchpapier. Beides wird zwischen den Reihen oder um die Pflanzen herum ausgelegt. Am besten eignet sich Wellpappe, die man bei Kartonherstellern erhält; sie lässt sich gut verlegen und enthält weniger Schadstoffe als Pappkartons, die in Supermärkten als zu entsorgendes Verpackungsmaterial anfallen. Völlig schadstofffrei ist auch diese Wellpappe nur selten, da sie aus Altpapier und Altkartonagen hergestellt wird. Je großflächiger Pappe bedruckt ist, je glänzender ihre Oberfläche ist und je mehr Fremdmaterialien wie Klebestreifen oder Klammern der Pappe anhängen, desto eher sollte man auf sie verzichten. Pappe bekommt man im Supermarkt oder von Firmen reichlich, das Zerreißen und Säubern jedoch ist mühselig. Die Frage ist auch, ob man seinen Garten zur Mülldeponie machen will, indem man Kartons und Verpackungen dort entsorgt. Farbig bedruckte Zeitungen oder Zeitschriften und Tapeten sind völlig ungeeignet.

Mulchpapier für warme Füße

Für den kommerziellen Gartenbau gibt es spezielles schwarzes Mulchpapier, das neben der Sauberkeit den Vorteil hat, dass es sich in der Sonne schnell erwärmt. Als Anschaffung für den Hausgarten kommt es eher nicht in Frage, da es teuer ist und leicht zerreißt.

Die großen Vorteile von Mulchpapier und Pappe sind dagegen, dass sie Luft und Wasser durchlassen und im Gegensatz zu Folien verrotten.

Folie und Vlies

Frühere Ernte dank Folie und Vlies

Folien und Vliese werden heutzutage recht umfangreich im Gartenbau verwendet: als Tunnel, Gewächshäuser oder zur Flächenabdeckung. Meist bestehen sie aus Kunststoff (PE, Polyethylen). Hauptsächlich dienen sie dazu, die Erntesaison zu verfrühen beziehungsweise zu verlängern. Deshalb ist die Hauptzeit für eine Folienabdeckung das Frühjahr. Unter der Folie kann der Boden die Sonnenenergie gut speichern und in frostigen Nächten wieder an die bodennahe Luftschicht abgeben. Das Saatgut keimt schneller und Jungpflanzen bilden schneller Wurzeln; dabei sind die Übergänge zwischen Bodenabdeckung und Schutz der Pflanze fließend.

Ab Mitte Mai sollte man Folien und Vliese vermeiden, da die Pflanzen unter der zunehmenden Erwärmung leiden oder sogar verbrennen.

Mulchpapier für Wärme liebende Pflanzen: Das Papier wird auf dem Beet verlegt, anschließend schneidet man Pflanzlöcher in das Papier (1). Die Erde im Pflanzloch wird gelockert (2) und gewässert. Dann können die Pflanzen gesetzt werden (3). Das Mulchpapier sollte am Rand etwas eingegraben und mit Erde bedeckt werden.

Bei den **Folien** kommen transparente Lochfolien und Schlitzfolien am häufigsten zum Einsatz:

▷ **Transparente Lochfolie** hat rund fünfhundert Löcher pro Quadratmeter, die einen Luftaustausch gewährleisten. Die Folie lässt nur wenig Regen durch, deshalb muss gewässert werden. Sie kann nach der Aussaat über das ganze Beet oder zwischen die Reihen mit Jungpflanzen zur

Bodenerwärmung gelegt werden. Das Sonnenlicht kann ungehindert in den Boden eindringen. Mit steigender Lochzahl nimmt der Verfrühungseffekt bezüglich der Erntesaison ab.

- ▷ **Schlitzfolie** (zweitausend Löcher pro Quadratmeter) hat ein starkes Dehnungsvermögen, sie dehnt sich mit der wachsenden Pflanze und formt über ihr ein Dach. Wenn sich die Folie gedehnt hat, kann auch unkompliziert gegossen werden, da die gedehnten Schlitze das Wasser durchlassen und sich nicht – wie im ungedehnten Zustand – Pfützen auf der Folie bilden.

Mulchfolie für Gurken, Tomaten und Erdbeeren

Mulchfolie ist eine schwarz eingefärbte PE-Folie. Sie kommt bei Wärme liebenden Pflanzen wie Gurken, Zucchini, Tomaten und Erdbeeren zum Einsatz. Unkraut kann sich nicht entwickeln, und der Boden unter der Folie verschlämmt nicht. Nach der Bodenbearbeitung und Düngung wird die Folie ausgebreitet und je nach Gemüse werden unterschiedlich viele und unterschiedlich große Kreuzschlitze für die Jungpflanzen hineingeschnitten. Bei Regen sammelt sich das Wasser auf der Folie und läuft durch die Kreuzschlitze zur Pflanze. Durch die Folie wird die Verdunstung gestoppt, und das Gießen hält sich in Grenzen. Die Mehrerträge sind zum Teil erheblich (bis zu fünfunddreißig Prozent). Der Einsatz von Mulchfolie ist nur bei den oben genannten Gemüsearten und bei Erdbeeren sinnvoll.

Kaum Sauerstoff!

Nachteilig bei allen Folien sind die hohen Kosten und der reduzierte Gasaustausch; das Leben im Boden kommt fast vollständig zum Erliegen, da es keinen Sauerstoff bekommt. In der Regel halten die Folien nur einen Sommer lang, ihre Entsorgung ist umständlich und oft bleiben Reste im Boden.

Vliese sind unter diesen Aspekten erheblich besser zu bewerten:

Vliese schützen von oben

Sie halten fliegende Schädlinge und in der Luft befindliche Pilzsporen ab. Sie können mehrfach verwendet werden und sind kostengünstiger als Folien. Gerade im gewerblichen ökologischen Gemüseanbau sind sie heute weit verbreitet. Auch für den Hausgarten gibt es günstige Vliesabmessungen, beispielsweise für Beetbreiten von 1,20 Metern.

- ▷ **Faservlies** ist sehr leicht und wird als Wärmeschutz über die bestellten Beete gelegt. Es schützt vor leichten Frösten und lässt – im Gegensatz zur Folie – Regen und Kondenswasser durch. Ab Mai sollte das Vlies entfernt oder nur in kühlen Nächten aufgelegt werden, da die Pflanzen sonst zu sehr ins Kraut schießen.
- ▷ **Gittervlies,** auch als Gemüseschutznetz bekannt, hat sehr feine Gittermaschen, die einen Hitzestau verhindern. Gittervlies dient dazu, Gemüsefliegen von den Kulturpflanzen fernzuhalten. Es ist ein exzellenter biologischer Schutz, beispielsweise gegen die Möhrenfliege. Das Netz bleibt bis zur Ernte auf den Pflanzen.

Offene Maschen oder dichte Fasern

Faservlies und Gittervlies unterscheiden sich im Material und in der Maschenweite: Gittervlies hat eine »offene« Maschenstruktur, Faservlies dagegen hat eine dichte Faserstruktur und keine »offenen« Maschen.

Folien und Vliese sind in Gartengeschäften, bei Raiffeisengenossenschaften mit Produkten für die Landwirtschaft oder in Baumärkten erhältlich. Auch der örtliche Baustoffhandel verkauft diese Materialien.

Mulchziel: Bodenerwärmung

Der Bodenerwärmung dienen steinige Mulchmaterialien wie Lavagrus, Kieselsteine oder größere Steine.

Steine und Lavagrus

Sonnenmulch wärmt und hält die Erde feucht

Steine sind Sonnenmulch, sie speichern die Sonnenwärme und schützen gleichzeitig den Boden vor einer Austrocknung.

Wärme liebende Pflanzen, deren Heimat Gebirge, Geröll, steinige Ufer oder der sonnige Süden sind, fühlen sich sehr wohl inmitten einer Mulchschicht aus **Kies** oder größeren **Steinen,** die im Garten gleichzeitig auch als Trittplatten dienen können. Anwendungsgebiete für Kiesschichten im Garten sind der Kräutergarten, der alpine Garten und der Steingarten.

Im Steingarten wachsen Pflanzen, die sehr klein und rankend sind. Oft kommen sie aus Bergregionen. Beispiele sind Steinkraut, Blaukissen, Schleifenblume, Gänsekresse oder Moossteinbrech. Sie wachsen gerne auf einem steinigen Beet oder in einer Trockenmauer.

Der Boden im Steingarten sollte durchlässig und trocken sein; fehlt Kalk, kann die Kiesschicht mit Steinschotter aus Kalksteinen ergänzt werden. Die Pflanzen werden entweder direkt in die Kiesschicht gesetzt oder der Kies wird später um die Pflanzen verteilt.

Sonnenmulch für den Kräutergarten

Auch für einen Kräutergarten eignet sich steiniger Sonnenmulch. Viele Kräuter, vor allem solche, deren Heimat der Mittelmeerraum ist, wachsen bevorzugt auf steinigen Böden. Salbei, Ysop, Rosmarin, Thymian oder Majoran sind solche Sonnenkinder. Während es die klassischen Küchenkräuter wie Petersilie oder Schnittlauch gerne nahrhaft und feucht haben, verbessert ein magerer, steiniger Boden sowohl das Wachstum als auch das Aroma der Sonne liebenden Mittelmeerkräuter.

Schwarzes Lavagestein speichert Wasser

Ein weiteres sehr sinnvolles Abdeckmaterial ist **Lavagestein,** das als Grus oder kleine Steine zu bekommen ist. Es ist porös, da Luftbläschen beim Austritt der flüssigen Lava in die Masse eingeschlossen wurden. Das Gestein speichert Wasser gut und erwärmt sich aufgrund der schwarzen Farbe sehr schnell. Das Material eignet sich für alle Wärme liebenden Pflanzen wie Kräuter, Kakteen oder Mittelmeerpflanzen, wie auch für Zimmerpflanzen, Balkonkästen oder den Wintergarten.

Andere offenporige Gesteine, die sich zum Mulchen eignen, sind Ziegelsplitt, Perlit, Blähton und Bimsstein. Auch Muscheln, die man aus dem Urlaub mitbringt, können verwendet werden.

Urgesteinsmehl aus Granit oder Basalt ist sehr fein und als Mulchmaterial nicht geeignet, da es im Boden verschwindet oder verkrustet. Ideal ist es jedoch zur Bodenverbesserung und als Dünger für Kräuter; dazu wird es der Pflanzerde beigemischt.

Wenig geeignete Materialien

Hobel- und Sägespäne

Späne niemals pur verwenden!

Hobel- und Sägespäne fallen in großen Mengen in der Holz verarbeitenden Industrie an. Oft wird Holz, das hierzulande verarbeitet wird, aus fernen Ländern importiert und ist gegen Schädlinge mit Insektiziden behandelt. Gelegentlich ist Holz auch imprägniert. Daher sollte man den Betrieb kennen und sich erkundigen, woher die Späne kommen.

Reine Hobel- und Sägespäne sind ungeeignet zum Mulchen:

- ▷ Das C/N-Verhältnis ist sehr weit (bis 500:1), das heißt, die Späne verrotten sehr langsam, manchmal dauert dies Jahre. Auf jeden Fall muss Mulch aus Spänen mit Jauche, beispielsweise mit Brennnesseljauche, gewässert werden, damit er verrottet.

- ▷ Harze und Gerbstoffe beeinträchtigen das Keimen von Saatgut.
- ▷ Die Späne sind extrem sauer (pH-Wert unter 3), dadurch wird der Boden sauer.

Späne eignen sich als Zuschlagsstoff für Gras oder Mist und generell zur Auflockerung für alle anderen Mulchmaterialien.

Dünger aus dem Pferdestall

Auf Gestüten werden Späne oft als Einstreu für die Pferdeboxen genommen. Zusammen mit dem Pferdemist wird daraus ein guter Dünger, der wenig scharf, also nicht ätzend ist und im Garten verwendet werden kann, weil er die Pflanzen nicht verbrennt (siehe auch Seite 54). Damit die Verrottung schneller beginnt, sollte Pferdemist zunächst zu einem Kegel aufgesetzt werden. Nach einigen Wochen kann er auf den Beeten verteilt werden (siehe auch Seite 94ff.).

Hackschnitzel

Hackschnitzel mit Rasenschnitt unter Bäumen

Hackschnitzel ist der Oberbegriff für eine Vielzahl von Produkten aus zerkleinerten Holzresten, die für die industrielle Nutzung nicht geeignet sind und beispielsweise nach einer Durchforstung des Waldes oder als Nebenprodukte der Sägeindustrie anfallen. Gemeinden und Landkreise geben sie oft kostenlos ab.

Hackschnitzel ist als Mulchmaterial im Allgemeinen wenig geeignet: Zum einen finden im frischen Holzmaterial noch starke Umsetzungsprozesse statt, wodurch es zu Sauerstoffmangel und Stickstofffixierung im Boden kommen kann (siehe Seite 40ff.) – das C/N-Verhältnis von Hackschnitzel ist sehr weit.

Heizen mit Hackschnitzel
Als **nachwachsender Rohstoff** werden Hackschnitzel beispielsweise in Form von Pellets als Brennstoff für entsprechende Heizungen eingesetzt.

Zum anderen ist in den Mischungen oft auch Häcksel von kranken Bäumen und Sträuchern enthalten; beim Mulchen mit solch einem Material können Jungpflanzen infiziert werden. Nur unter alten Bäumen und Sträuchern, die kein Obst tragen, ist frischer Häcksel als Mulchmaterial geeignet: Zu diesem Zweck lässt er sich gut mit Rasenschnitt mischen.

Torf

Torf gehört ins Hochmoor!

Torf ist ein organischer Bodentyp, der über Jahrtausende hinweg aus sich zersetzenden Pflanzen entstanden ist. Im irrigen Glauben, er sei gut für den Gartenboden, wird er auch heutzutage noch von Hobbygärtnern genutzt. Doch Torf besitzt keinerlei Nährstoffe und ist darüber hinaus extrem sauer (pH-Wert unter 4).

Auch aus ökologischer Sicht ist der Einsatz von Torf zu kritisieren: Mit seinem Abbau verschwinden die letzten Hochmoore, einzigartige und bewahrenswerte Biotope.

Der einzige Vorteil von Torf ist, dass er die Wasserhaltefähigkeit in leichten Böden verbessert und in bindigen Böden lockernd und durchlüftend wirkt, was aber jeweils auch durch andere Materialien wie Rindenmulch erreicht werden kann.

Alles in allem ist Torf weder als Pflanzenerde noch als Mulchmaterial geeignet!

Immer beachten!

Obwohl allgemeingültige Aussagen beim Mulchen schwierig sind – immer gilt es die Eigenschaften des Materials, die Bodenart, die Pflanzenbedürfnisse und die individuellen Ziele zu beachten – lassen sich doch einige grundsätzliche Merkregeln formulieren:

- ▷ **Schichtdicke:** Eine dünne Schicht zersetzt sich schnell, die Nährstoffe lösen sich schnell. Möchte man den Boden düngen, sollte die Mulchschicht deshalb dünn aufgetragen werden. Achtung: Eine dünne Schicht trocknet schneller aus. Eine dicke Schicht lässt wenig Licht und Luft an den Boden, Pflanzen werden am Keimen gehindert. Möchte man Unkraut unterdrücken, sollte die Mulchschicht deshalb dick aufgetragen werden. Achtung: Eine dicke und kompakte Schicht kann bei feuchter und warmer Witterung faulen.
- ▷ **Zerkleinerungsgrad des Materials:** Je stärker das Material zerkleinert ist, desto schneller verrottet es, da sich die Oberfläche des Materials und damit die mögliche Angriffsfläche für zersetzende Mikroorganismen durch die Zerkleinerung enorm vergrößert.
- ▷ **Farbe des Materials:** Dunkles Material erwärmt sich schnell, es zieht Sonne und Wärme an, der Boden erwärmt sich schnell. Helles Material reflektiert das Sonnenlicht, der Boden erwärmt sich nur langsam oder bleibt kühl.
- ▷ **Ersetzen und Auffüllen des Mulchmaterials:** Wünscht man eine dauerhafte Bodenbedeckung mit Mulch, muss die Schicht regelmäßig aufgefüllt werden. Oft ergibt sich diese Ergänzung aus der Gartenarbeit: Fallen beim Rasenmähen, beim Schneiden von Stauden oder beim Laubsammeln Materialien an, werden diese gegebenenfalls auf die alte Mulchschicht gelegt.
- ▷ **Abstand von Mulchmaterial und Pflanzenstängeln oder Stämmen:** Material, das wie Rasenschnitt zur Fäulnis neigt, sollte mit einem Abstand von fünf bis zehn Zentimetern um die Pflanzen gelegt werden, damit es bei feuchter Witterung nicht zur Fäulnis der Pflanzen kommt.
- ▷ **Mulchpausen und offener Boden:** Bei schweren Böden sollte im Frühjahr die Mulchdecke entfernt werden, damit sich der Boden erwärmen kann.

Vorbehandlung des Materials

Gesundes Fast Food für den Garten

In der Pionierzeit der biologischen Gartenbaubewegung zu Beginn des 20. Jahrhunderts war die Vorbehandlung der organischen Mulchsubstanzen ein wichtiges Thema, während sie heutzutage in der Literatur fehlt. Vorbehandlung bedeutet, das Material in Mieten, Mulchdepots oder Komposthaufen auf die Rotte vorzubereiten und den Mikroorganismen dadurch die Arbeit des Zersetzens während der Rotte auf dem Beet zu erleichtern. Vereinfacht ausgedrückt: Vorbehandeltes Material ist schon »angeknabbert«, es ist weicher geworden und somit bei der anschließenden Rotte auf dem Beet leichter weiter zersetzbar.

Die Vorbehandlung des Materials ist wichtig:

- ▷ Eine trockene Mulchdecke, beispielsweise aus Stroh oder Blättern, verrottet nicht und wird vom Bodenleben nicht aufgeschlossen. Deshalb sollte eine Mulchdecke – vor allem wenn sie aus Materialien wie Stroh und Blättern besteht – immer mit dem Schlauch oder der Gießkanne angefeuchtet werden.
- ▷ Gerade im Frühjahr, bei niedrigen Temperaturen, kann ein vorheriges Aufsetzen des Materials in einer Miete oder einem Mulchdepot die Aktivität der Bakterien in Gang setzen; das beschleunigt den Prozess der anschließenden Rotte auf dem Beet.

Fleißige Bakterien dank Miete und Kegel

Der jeweilige Zweck des Mulchens, das Material und die individuellen Gartenbedingungen bestimmen die Art der Vorbehandlung.

Mieten und Kegel

Eine Vorbehandlung ist das Aufsetzen des Materials in **Mieten** oder – für kleinere Mengen – als **Kegel.**

Mehr Stickstoff trotz Laub und Stroh

Mieten mit Stroh und Laub sind sinnvoll, damit das Material von den Mikroorganismen »vorbearbeitet« wird und die Stickstofffixierung im Boden auf diese Weise geringer ausfällt (siehe Seite 40ff.).

Auch Mist, der von außen in den Garten kommt, sollte erst zum Kegel aufgesetzt werden. Dadurch verliert er seine Hitze und wird verträglich für die Pflanzen. Frischer Mist auf den Beeten lockt »Ungeziefer« an und sollte daher nicht zum Mulchen verwendet werden.

Nicht zu groß, nicht zu klein

Es ist wichtig, Mieten und Kegel nicht zu klein und nicht zu groß anzulegen (siehe auch Seite 96): Bei zu großen Mieten und Kegeln kommt kein Sauerstoff ins Innere, bei zu kleinen Mengen kann sich keine Wärme entwickeln. Der Durchmesser eines Kegels sollte etwa achtzig Zentimeter, die Höhe maximal einen Meter betragen. Eine Miete sollte etwa achtzig Zentimeter hoch und maximal einen Meter breit sein. Je länger das Material in der Miete oder dem Kegel bleibt, desto besser wird es.

In Mieten muss Sauerstoff eindringen können, gleichzeitig muss sich im Inneren Wärme entwickeln

Komposthaufen und Mulchdepots

Zwischenlager für Küchenabfälle und Laub

Im Herbst und Winter fallen große Mengen Laub an, im Sommer sehr viel Grasschnitt. Nicht immer wird es dafür freie und geeignete Flächen zum Mulchen geben.

Auch Mist, Stroh oder Schreddergut wird man gegebenenfalls zwischenlagern müssen, wenn die Materialien nicht sofort eine Verwendung im Garten finden.

So entsteht oft auch im Mulchgarten normaler Kompost, der in einer Miete oder einem Kasten aufgesetzt wird. Hierbei gelten die »üblichen Regeln« der Kompostierung.

Wie man kompostiert, ob in der Miete, im Kasten oder in der »Thermobox«, spielt keine große Rolle, wichtig sind Luftzutritt, ausreichend Feuchtigkeit und Wärme. Praktischerweise kann im Mulchgarten auch halb fertiger Kompost, der erst zwei oder drei Monate liegt, gut verwendet werden (siehe auch Seite 62f.).

So legen Sie einen Komposthaufen oder ein Mulchdepot an

- Nasse und trockene, nährstoffreiche und holzige Materialien sammeln, alle Materialien gut **vermischen** und aufsetzen.
- Für ausreichend **Feuchtigkeit** sorgen. Die Feuchtigkeit lässt sich mit der Handprobe ermitteln: Wenn sich das Material mit der Hand zu einer geschmeidigen Masse zusammendrücken lässt, ohne auseinanderzufallen, ist es ausreichend feucht; das zusammengedrückte Material muss sich feucht anfühlen. Wenn beim Zusammendrücken Wasser aus dem Material tropft, ist es zu nass.
- Für **Luftzutritt** sorgen: Material locker aufsetzen und nicht zu hoch aufschichten.
- Kompost mehrmals **umsetzen,** falls das Material vorher nicht gemischt oder einseitig zusammengestellt wurde.

Mulchbereiche im Garten

Gehölze und Hecken

Schwach saurer Waldboden als Vorbild

Die meisten Gehölzarten in unserem Garten kommen ursprünglich aus dem Wald oder haben ihren natürlichen Standort am Waldrand; ihre Wurzeln »stecken« noch in der schwach sauren Walderde mit ihrer Kühle, wobei die Blätter und Zweige gern in die Sonne lugen. Beispiele für solch **typische Waldgehölze** sind Beerensträucher, blühende Ziersträucher wie Deutzie, Nussgehölze oder Rhododendron. Eine Laubdecke, die sich alljährlich erneuert, hält den Boden feucht und locker, und Wildkräuter, wenn sie überhaupt im Schatten wachsen, werden unterdrückt. Ein vielfältiges Bodenleben zerkleinert und mineralisiert die »Abfälle«. Diese saure, stickstoffarme Waldbodenauflage kann man auch als Rohhumus bezeichnen: noch nicht völlig zersetzt, faserig und von torfähnlicher Konsistenz.

Mit einer Mulchschicht unter Gartengehölzen lässt sich diese »Heimat Wald« nachahmen.

Pflanzen, Düngen, Mulchen

Beim Pflanzen von Gehölzen und Hecken kann Kompost zur Düngung mit in die Erde eingearbeitet werden. Der Pflanzstreifen wird dann mit einer Mulchdecke aus Grasschnitt, Stroh und Laub abgedeckt. Die Schichtdicke sollte fünf bis fünfzehn Zentimeter betragen. Dadurch wird die Feuchtigkeit gehalten, das Bodenleben gefördert und Unkraut unterdrückt. Achtung: Diese Mulchdecke ersetzt nicht die Düngung – zu diesem Zweck sollte die Mulchschicht zusätzlich mit Kompost, Mist oder organischem Dünger wie Hornmehl angereichert werden.

Für **Kalk liebende Gehölze** kann der Boden durch diese Art des Mulchens zu sauer werden: Laub und Stroh führen mittelfristig zu einem sauren Boden; mit regelmäßigen Kalkgaben kann der Boden für diese Pflanzen verbessert werden.

Kalkliebende Gehölze

Gehölzpflanzen, die einen kalkhaltigen, wenig sauren Boden benötigen, sind beispielsweise: Ahorn *(Acer),* Schmetterlingsstrauch *(Buddleja),* Buchsbaum *(Buxus),* Weißbuche *(Carpinus betulus),* Kornelkirsche *(Cornus mas),* Spindelbaum *(Euonymus),* Buche *(Fagus),* Kolkwitzie *(Kolkwitzia amabilis),* Waldgeißblatt *(Lonicera periclymenum),* Zierapfel *(Malus),* Platane *(Platanus),* Schlehe *(Prunus spinosa),* Rose *(Rosa),* Spierstrauch *(Spirea),* Holunder *(Sambucus),* Linde *(Tilia),* Ulme *(Ulmus),* Waldrebe *(Clematis),* Winterjasmin *(Jasminum)* oder Wacholder *(Juniperus).*

Kalkgabe bei saurem Boden

Tipp: Die Höhe und Art der Kalkgaben ist vor allem vom pH-Wert des Bodens abhängig. Dieser kann mit pH-Messstäbchen bestimmt werden. Solche Teststreifen erhält man in Apotheken oder Gartengeschäften. Die Felder auf den Stäbchen verfärben sich entsprechend des Säuregrades, anhand einer Skala kann der Farbe ein pH-Wert zugeordnet werden. Ein pH-Wert von 5,5 bis 7 kennzeichnet einen ausgeglichenen Boden. Liegt der pH-Wert unter 5,5, ist der Boden sauer und man sollte Kalk je nach Bedarf der Pflanzen geben. Liegt der pH-Wert über 7, ist der Boden alkalisch.

Mit Laub, Tannennadeln oder Stroh lässt sich der pH-Wert senken. Allerdings wirken diese Zusätze meist nur kurz und der alte pH-Wert pendelt sich wieder ein. Deshalb sollte man Pflanzen immer ihren Bedürfnissen und dem Kalkgehalt des Bodens entsprechend auswählen und beispielsweise Rhododendron als Kalk fliehendes Gehölz aus dem Wald nicht auf einen Kalkboden in die pralle Sonne setzen. Die Pflanzen müssen dem Boden und dem Klima angepasst sein – das ist das A & O des Gärtnerns.

Zur Pflanzung von Bäumen gibt es auch spezielle Mulchplatten, die drei Jahre lang Gras- und Unkrautwuchs um den Stamm herum unterbinden. Sie sind hundertprozentig verrottbar und bestehen aus Kokosfasern mit Naturkautschuk und Holzfasern. Mulchplatten sind in Gartengeschäften erhältlich.

Mulchplatten schützen junge Bäume vor Unkraut

Pflanzen, die **ursprünglich aus der Steppe** und Wüste kommen wie Birke oder Ginster, mögen einen trockenen Standort. Solche Gehölze sollte man nicht mulchen. Stattdessen sollte Gras (Rasen) unter den Bäumen wachsen.

Rhododendron und Azalee

Keine anderen Gehölze reagieren so positiv auf eine Mulchdecke wie Rhododendren und Azaleen!

Herkunft lichter Bergwald

Mit dem Bild »lichter Bergwald« hat man alle Ansprüche dieser Pflanzen an den optimalen Standort im Garten vor Augen: lichter Schatten, keine Mittagshitze, keine Windschneisen zwischen Gebäuden, ein humoser, saurer Boden, der beständig mit Blättern und Kiefernnadeln bedeckt ist, ohne Staunässe, jedoch immer leicht feucht. Die gezüchteten Sorten von Rhododendron und Azalee haben relativ hohe Nährstoffansprüche, die durch ständige Nährstoffgaben befriedigt werden müssen. Bei diesen Gehölzen ist die Anwendung des Mulchens ideal – schon nach kurzer Zeit dringen die feinen, flachen Wurzeln der Gehölze in die Mulchschicht ein und erschließen den Pflanzen auf diese Weise eine beständige Nährstoffquelle.

Saurer Boden für Rhododendron und Azalee

Die Pflanzung von Rhododendren und Azaleen sollte im Frühjahr oder späten Herbst erfolgen. Ist der pH-Wert des Bodens zu hoch für diese Säure liebenden Gehölze (über 5,8), sollte der Boden ausgetauscht beziehungsweise eine kalktolerante Sorte gewählt werden – lassen Sie sich in einer Baumschule beraten. Bei festen Böden, wo sich Wasser im Pflanzloch sammelt, muss erst eine zwanzig Zentimeter dicke Kiesschicht in die Pflanzlöcher gefüllt werden; auch grober Holzhäcksel eignet sich, es darf sich dabei jedoch nicht um frisches Material handeln. Bei reinen, trockenen Sandböden sollte Rindenkompost oder Lauberde (zersetztes Laub, Waldboden) bei der Pflanzung mit eingearbeitet werden. Torf, der traditionell bei der Anzucht von Rhododendron genommen wird, ist völlig überflüssig (siehe auch Seite 92).

Ideal sind Rindenmulch, Eichenlaub und Laubkompost

Weil man in den ersten drei bis vier Wochen häufig und regelmäßig gießen muss, ist in der Anfangszeit ein offener Boden nötig. Drei bis vier Wochen nach der Pflanzung wird eine Mulchschicht aufge-

Rhododendron gedeiht sehr gut auf gemulchten Flächen

tragen. Als Mulchmaterial sollte man solches wählen, das eine stabile Struktur hat und langsam verrottet: Rindenmulch, Eichenlaub, Koniferennadeln, Sägespäne, zerkleinertes Stroh oder geschredderte Staudenreste. Ideal sind reine Laubkomposte oder angerottete Blätter. Achtung: Im Laubkompost für Rhododendren und Azaleen sollte kein Kalk gewesen sein. Rasenschnitt sollte nicht als alleiniges Material und wenn, dann nur in einer dünnen Schicht aufgebracht werden, da es zur Verpappung neigt und die flachen Wurzeln der Gehölze erstickt. Nicht geeignet ist Kompost aus Küchenabfällen: Er ist salzhaltig und Gift für Rhododendren. Auch frische Hackschnitzel und anderes frisches Schreddergut sind nicht geeignet, da sie Pilzkrankheiten enthalten und übertragen können.

Hornspäne liefern Nährstoffe

Die Mulchdecke sollte fünf bis acht Zentimeter dick sein, bei alten Rhododendronbüschen auch bis zwanzig Zentimeter. Die erste Schicht sollte aus groben Hornspänen bestehen, die einer Stickstofffixierung (siehe Seite 40ff.) entgegenwirken; wie überhaupt das Mulchen eine regelmäßige Düngung der Rhododendren und Azaleen nicht ersetzen kann. Eine Düngung kann im Frühjahr mit Rindermist, mit speziellem organischen Rhododendrondünger oder mit Hornspänen erfolgen. Ein beständiges Erneuern und Auffüllen der Mulchdecke ist sinnvoll, damit der Gasaustausch der Wurzeln gewährleistet ist. Eine Auflockerung des Materials kann nicht schaden, ist aber nicht notwendig.

Stauden

Mulch nur für ältere Stauden

In Staudenbeeten ist die Abdeckung des Bodens mit Mulchmaterial eine gute Möglichkeit, Unkräutern entgegenzuwirken. Allerdings sollten Staudenbeete erst ab dem zweiten Jahr gemulcht werden. Bei

Neuanpflanzungen führt eine Mulchdecke sehr schnell zu einem Nährstoffmangel (Stickstofffixierung, siehe Seite 40ff.), die jungen Stauden gedeihen schlecht oder gehen in Fäulnis über.

Gras und Rindenkompost für Stauden

Stroh und Hackschnitzel sind aufgrund der Stickstofffixierung völlig untauglich für Staudenbeete.

Viele Stauden, insbesondere sogenannte **Prachtstauden** wie Rittersporn, Taglilie oder Pfingstrose, haben recht hohe Ansprüche an die Bodenlockerung und die Düngung. Bei diesen Stauden muss die Mulchdecke gehaltvoll sein: Die langsam verrottende Mulchdecke auf dem Boden unter den Stauden muss regelmäßig, alle zwei Monate, mit angerottetem Kompost oder auch organischem Dünger wie Hornmehl aufgefüllt werden.

Im Staudensortiment gibt es auch relativ unempfindliche Stauden, die oft auch im Halbschatten noch gedeihen und als **Wildstauden** bezeichnet werden. Sie können ein bis zwei Jahre nach der Pflanzung ganzjährig mit Laub oder Rasenschnitt gemulcht werden.

Gegen Giersch hilft nur Ausgraben!

Allerdings hilft eine Mulchdecke im Staudenbeet nicht gegen Wurzelunkräuter wie Giersch oder Quecke. Auch spezielle Mulchplatten, die zur Pflanzung von Bäumen verwendet werden und hierbei drei Jahre lang den Gras- und Unkrautwuchs um den Stamm herum unterbinden, sind bei Giersch im Staudenbeet unwirksam: Selbst wenn die Mulch-

Mulchrezept für Stauden

Grasschnitt antrocknen lassen, mit Rindenkompost im Verhältnis 1:1 vermischen. Auf zehn Teile dieser Mischung einen Teil angerotteten Kompost und zusätzlich organischen Dünger wie Hornmehl – pro zwanzig Quadratmeter etwa zehn Kilogramm – beimischen. Diesen Mulchmix fünf bis zehn Zentimeter dick auf der Fläche verteilen.

platten sorgfältig um die Stauden gelegt werden, hält sich der Giersch zwischen den Wurzeln der Stauden und erobert von dort aus wieder die Fläche. Hier hilft nur: Pflanzen ausgraben, Stauden eventuell teilen, sorgfältig jede Pflanze nach Gierschwurzeln absuchen, die Beete ausforken und die Stauden wieder einpflanzen.

Bei sehr starkem Unkrautbefall im Staudenbeet muss man die Mulchschicht abnehmen, den Boden hacken und die Mulchschicht anschließend wieder aufbringen.

Offener Boden im Frühjahr

Auch wenn sich der Boden im Frühjahr nicht recht erwärmen will – schwere Böden wie Lehm- und Tonböden sind hier besonders betroffen –, sollte der Mulch abgenommen oder nur sehr dünn eingestreut werden. Unter einer Mulchdecke bleibt der Boden im Frühjahr zu lange kalt, was ein frühes Austreiben der Stauden verhindert, die Pflanzen bleiben in ihrer Entwicklung zurück.

Stauden, die am **Teichrand** wachsen, sollten nicht gemulcht werden, da die Mulchmaterialien Nährstoffe an das Wasser abgeben, was eine Algenbildung fördert. Ein Teichrand aus Sand und Kies, in dem die Pflanzen stehen, entspricht sehr viel eher dem natürlichen Standort solcher Stauden.

Ein weiterer, oft künstlich angelegter Lebensraum für Stauden ist ein **Trockenbeet** mit Heide, Steppenlilie oder Gräsern. Hier sind Bodendecker, die den Boden beschatten, geeigneter als Mulch, da der Boden durch den Bewuchs mit Bodendeckern mager bleibt und auch austrocknen kann, was bei Trockenstandorten erwünscht ist.

Wildstauden für sonnige Standorte

Deutscher Name *Botanischer Name*	**Wuchshöhe** (cm)	**Blütezeit** (Monate)	**Blütenfarbe**
Alant *Inula*-Arten	40 – 200	VII – IX	gelb
Aster *Aster*-Arten	40 – 150	VI – XI	blau, rosa
Berglauch *Allium montanum*	20	VII – IX	rosa
Bergminze *Calamintha nepetoides*	40	VII – IX	rosa
Drachenkopf *Dracocephalum*-Arten	30	VI – VIII	blau, rosa
Edeldistel *Eryngium*-Arten	30 – 100	VII – IX	blau
Färberkamille *Anthemis tinctoria*	40	VI – IX	gelb
Fetthenne *Sedum*-Arten	15 – 60	V – X	weiß, rosa, gelb
Fingerkraut *Potentilla*-Arten	10 – 50	V – VIII	weiß, gelb, rosa
Flockenblume *Centaurea*-Arten	40 – 80	VI – VIII	lila
Gamander *Teucrium*-Arten	20 – 50	VI – VIII	rosa
Glockenblume *Campanula*-Arten	20 – 100	VI – IX	blau, weiß
Habichtskraut *Hieracium aurantiacum*	30	VI – VIII	orangerot
Hauhechel *Ononis spinosa*	40	VI – IX	rosa
Hungerblümchen *Draba aizoides*	10	III – IV	gelb
Jakobsleiter *Polemonium caeruleum*	60	VI – VII	blau

Deutscher Name *Botanischer Name*	Wuchshöhe (cm)	Blütezeit (Monate)	Blütenfarbe
Junkerlilie *Asphodeline lutea*	50 – 100	V – VI	gelb
Knöterich *Polygonum*-Arten	30 – 100	VI – IX	weiß, rosa
Königskerze *Verbascum*-Arten	60 – 200	VI – IX	gelb
Kugeldistel *Echinops ritro*	80 – 100	VII – IX	blau
Kuhschelle *Pulsatilla vulgaris*	20	III – IV	violett
Lavendel *Lavandula angustifolia*	30 – 60	VI – VIII	violett
Leinkraut *Linaria purpurea*	70	VII – X	violett
Löwenmäulchen *Antirrhinum*-Arten	20	VII – X	weiß
Mädchenauge *Coreopsis verticillata*	50	VI – IX	gelb
Nelkenwurz *Geum*-Arten	20 – 40	V – VII	gelb, orange
Odermennig *Agrimonia eupatoria*	40 – 50	VI – VIII	gelb
Prachtkerze *Gaura lindheimeri*	60 – 80	VII – X	weiß
Präriemalve *Sidalcea*-Arten	70 – 90	VI – VIII	rosa, weiß
Sandglöckchen *Jasione laevis*	40	VI – VII	hellblau
Scabiose *Scabiosa*-Arten	30 – 70	VII – IX	weiß, blau
Scheinaster *Boltonia asteroides*	80 – 150	VII – X	weiß
Schleifenblume *Iberis sempervirens*	20	IV – V	weiß

Deutscher Name *Botanischer Name*	**Wuchshöhe** (cm)	**Blütezeit** (Monate)	**Blütenfarbe**
Seifenkraut *Saponaria*-Arten	30 – 80	V – IX	rosa
Sommeranemone *Anemone*-Arten	50 – 100	VII – X	weiß, rosa
Sonnenhut *Echinacea purpurea*	70	VII – IX	rot, weiß
Sonnenröschen *Helianthemum*-Arten	20	V – VIII	gelb
Spornblume *Centhrantus ruber*	50 – 80	VI – IX	rot, weiß
Steinkraut *Alyssum saxatile*	15	IV – V	gelb
Storchschnabel *Geranium*-Arten	20 – 60	VI – X	rosa, weiß
Teufelsabbiss *Succisa pratensis*	50	VI – X	blauviolett
Wasserdost *Eupatorium*-Arten	60 – 200	VII – X	rosa, weiß
Weidenröschen *Epilobium angustifolium*	100	VII – IX	rosa
Witwenblume *Knautia macedonica*	70	VII – IX	weinrot
Wolfsmilch *Euphorbia*-Arten	20 – 120	IV – IX	gelb

Wildstauden für Halbschatten bis Schatten

Deutscher Name *Botanischer Name*	**Wuchshöhe** (cm)	**Blütezeit** (Monate)	**Blütenfarbe**
Akelei *Aquilegia vulgaris*	60	V – VI	blau
Blutweiderich *Lythrum salicaria*	80 – 100	VII – IX	karminrosa
Christrose *Helleborus*-Arten	25 – 50	X – III	weiß, rot

Deutscher Name *Botanischer Name*	**Wuchshöhe** (cm)	**Blütezeit** (Monate)	**Blütenfarbe**
Diptam *Dictamnus albus*	70	VI – VII	rosa
Ehrenpreis *Veronica*-Arten	20 – 80	V – VIII	blau
Eisenhut *Aconitum napellus*	120	VII – VIII	blauviolett
Fingerhut *Digitalis*-Arten	30 – 150	VI – VIII	blau, violett, weiß zitronengelb
Frauenmantel *Alchemilla mollis*	40	VI – VII	gelbgrün
Frauenschuh *Cypripedium*-Arten	30	V – VI	gelb
Frühlingsplatterbse *Lathyrus vernus*	30	IV – V	purpurrot
Großblumige Elfenblume *Epimedium grandiflorum*	30 – 50	IV – V	violett
Hohler Lerchensporn *Corydalis cava*	20	IV – V	rot, weiß
Leberblümchen *Hepatica nobilis*	10	III – IV	blauviolett
Lungenkraut *Pulmonaria*-Arten	20 – 50	III – V	violett
Nachtviole *Hesperis matronalis*	70	VI – VII	blauviolett, weiß
Rosenwaldmeister *Phuopsis stylosa*	30	VI – VIII	pink
Trollblume *Trollius*-Arten	50	V – VI	gelb
Wachsglocke *Kirengeshoma palmata*	60	IX – X	hellgelb
Waldanemone *Anemona*-Arten	15	III – V	weiß
Waldglockenblume *Campanula macrantha*	100	VI – VII	blau

Kletterpflanzen

Laub und Kompost für Kletterpflanzen

Kletterpflanzen sind Waldpflanzen und Wunder der Evolution. Sie ranken sich aus dem dunklen kühlen Wald nach oben bis zum Sonnenlicht, wo sie blühen: kühle Füße – heißer Kopf. Die meisten Kletterpflanzen wie Clematis, Waldgeißblatt oder Wilder Wein mögen einen waldigen Boden zu ihren Füßen und haben ähnliche Standortansprüche wie Gehölzpflanzen (siehe Seite 97ff.). Mit einem Gemisch aus Laub und Kompost wird die Mulchdecke gebildet. Auch Bodendecker am Fuß einer Kletterpflanze geben Schatten und Schutz.

Rosen

Mulch ist eine Wohltat für Rosen

Immer wieder wird die Ansicht vertreten, dass es nicht sinnvoll sei, Rosen zu mulchen, da sie von Schnecken, Blattläusen oder Rußtau befallen würden, wenn sie Stroh zu ihren Füßen hätten. Dabei reagieren Rosen sehr positiv auf Mulch, da sie feuchte, humose Böden mögen. Daneben hilft Mulchen den hohen Stickstoffbedarf der Rosen zu decken. Auch die im Handel erhältliche Deko-Rinde, meist Pinienrinde, eignet sich als Rosenmulch, um die

Bodendecker

In Staudenbeeten und bei Kletterpflanzen sind Bodendecker eine reizvolle Alternative sowohl zum Hacken als auch zum Mulchen.

Für feuchte Standorte eignet sich beispielsweise Pfennigkraut *(Lysimachia nummularia)*, Günsel *(Ajuga reptans)* oder Kriechender Knöterich *(Polygonum affine)*.

Für schattige Standorte ist Haselwurz *(Asarum europaeum)*, Lungenkraut *(Pulmonaria)*, Ysander *(Pachysandra terminalis)* oder Waldmeister *(Galium odoratum)* geeignet.

An trockenen Standorten wächst Teppichsedum *(Sedum hispanicum)*, Heide *(Erica)* oder Felsenmispel *(Cotoneaster)*.

Mulchrezept für Rosen
Eine bewährte Mischung besteht aus fünf Teilen Rindenhumus, fünf Teilen Laub, angerottet vom letzten Jahr, und drei Teilen Rindermist. Gegebenenfalls bei sauren Böden etwas Kalk oder Steinmehl zugeben. Auch gehäckselte Kräuter, Beinwellblätter (Comfreyblätter), Rainfarn, Farn, Ysop oder Wiesenkerbel können beigemengt werden. Das dient der Schädlingsabwehr. Treten Wuchshemmungen auf, muss der Mistanteil der Düngung um zwanzig bis vierzig Prozent erhöht werden.

Blüten besser hervorzuheben und das Unkrautjäten zu reduzieren. Dieser Deko-Mulch hat jedoch keine Düngewirkung. Klassisch ist bei Rosen zudem die Abdeckung mit Fichtenreisig im Winter, um die Pflanzen vor Frost zu schützen.

Gemüsegarten

Zunächst scheinen die Vorteile des Mulchens im Gemüsegarten auf der Hand zu liegen: Der Boden trocknet nicht aus und Unkräuter werden unterdrückt. Durch die Zufuhr von organischem Material erhöht sich die Regenwurmaktivität, der Boden lockert sich und kann auch von den Tiefwurzlern unter den Gemüsearten erschlossen werden.

Laub macht taub

»Laub macht taub« sagt demgegenüber eine alte Bauernweisheit, was bedeutet, dass holzhaltige Materialien wie Laub, Tannennadeln oder auch Stroh im und auf dem Boden den Anbau von Gemüse, insbesondere von stark zehrendem Gemüse, behindern.

Auch wird im Frühjahr jeder Sonnenstrahl zur Erwärmung des Bodens benötigt, damit das Saatgut keimt und die jungen Pflanzen zügig wachsen. Ist der Boden im Frühjahr mit einer Mulchdecke bedeckt, erreichen die noch schwachen Sonnenstrahlen den Boden nicht; der Boden bleibt kalt und das gesäte und gepflanzte Gemüse wächst nicht.

Gefragt sind Individuallösungen

Und nicht zuletzt verstecken sich Schnecken und Wühlmäuse – im Garten nicht gern gesehene Tiere – gerne unter der Mulchdecke.

Dennoch kann die Mulchtechnik, allerdings differenziert nach Pflanze und Jahreszeit, im Gemüsegarten eingesetzt werden.

Pflanzenansprüche im Gemüsegarten

Unterscheidet man die verschiedenen Gemüsearten einerseits hinsichtlich ihres Nährstoffbedarfs und andererseits hinsichtlich ihres Wurzelwachstums, kann man ihre unterschiedlichen Ansprüchen beim Mulchen am besten berücksichtigen.

Erstens lassen sich Gemüsepflanzen nach ihrem **Nährstoffbedarf** in sogenannte Stark-, Mittel- und Schwachzehrer einteilen:

- ▷ **Starkzehrer:** Kohl, Tomaten, Gurken, Sellerie, Porree, Kürbis,
- ▷ **Mittelzehrer:** Schwarzwurzeln, Möhren, Salate, Zwiebeln, Radieschen, Rettich, Kartoffeln,
- ▷ **Schwachzehrer:** Bohnen, Erbsen, Kräuter.

Fruchtwechsel und Mischkultur sind ideal

Bei stark zehrendem Gemüse wie Kohl, Tomaten, Gurken, Sellerie und Porree muss vor dem Mulchen als erste Schicht Mist oder organischer Dünger wie Hornmehl gestreut werden, damit genügend Nährstoffe vorhanden sind. Doch auch eine erste Schicht mit Hülsenfrüchtestroh von Bohnen oder Lupinen macht die Mischung nährstoffreicher.

Je weniger das Gemüse »zehrt«, je geringer also der Bedarf an Stickstoff ist, desto weniger Kompost, Mist oder organischer Dünger ist nötig. Bei Bohnen und Erbsen entfallen diese Zusätze ganz, da diese Pflanzen selbst Stickstoff produzieren.

Ein gut geplanter Wechsel von Stark-, Mittel- und Schwachzehrern sorgt dafür, dass der Nährstoffgehalt des Bodens den jeweiligen Bedürfnissen der Gemüsepflanzen entspricht: So reichern Schwachzehrer wie Hülsenfrüchte den Boden mit Stickstoff an, der dann im nächsten Jahr Starkzehrern wie Tomaten oder Kohl zur Verfügung steht.

Ein Fruchtwechsel kann zum Beispiel folgendermaßen aussehen:

	Beet 1	**Beet 2**	**Beet 3**
Jahr 0	Kohl	Möhren Zwiebeln	Puffbohnen
Jahr 1	Salat Kohlrabi	Erbsen	Kohl Porree
Jahr 2	Erbsen Bohnen Kräuter	Kohl	Salat

Zweitens lassen sich Pflanzen nach ihrem **Wurzelwachstum in Flach- und Tiefwurzler** einteilen. Diese Unterscheidung verrät, wie sich die Pflanze mit Wasser und Nährstoffen versorgt, welche Ansprüche sie also an die Bodenfeuchtigkeit hat. Die Möhre als Tiefwurzler holt Nährstoffe und Wasser aus tiefen Schichten, hier ist eine Mulchdecke, welche den Boden oberflächlich feucht hält, bezüglich der Bodenfeuchtigkeit weniger nötig. Weitere Beispiele für Tiefwurzler sind Rüben, Rote Beten, Rettiche und Pastinaken. Flachwurzler wie Salate, Kohl, Kohlrabi, Bohnen, Erbsen, Kürbisse oder Gurken haben ihre Wurzeln dagegen in den oberen zehn bis zwanzig Zentimetern des Bodens und sind deshalb sehr auf einen auch oberflächlich feuchten Boden angewiesen. Hier ist eine Mulchdecke günstig, da sie den oberen Boden feucht hält.

Tiefe oder flache Wurzeln?

Für **Wärme liebende Pflanzen** wie Paprika oder Gurken kann eine dicke Mulchschicht problema-

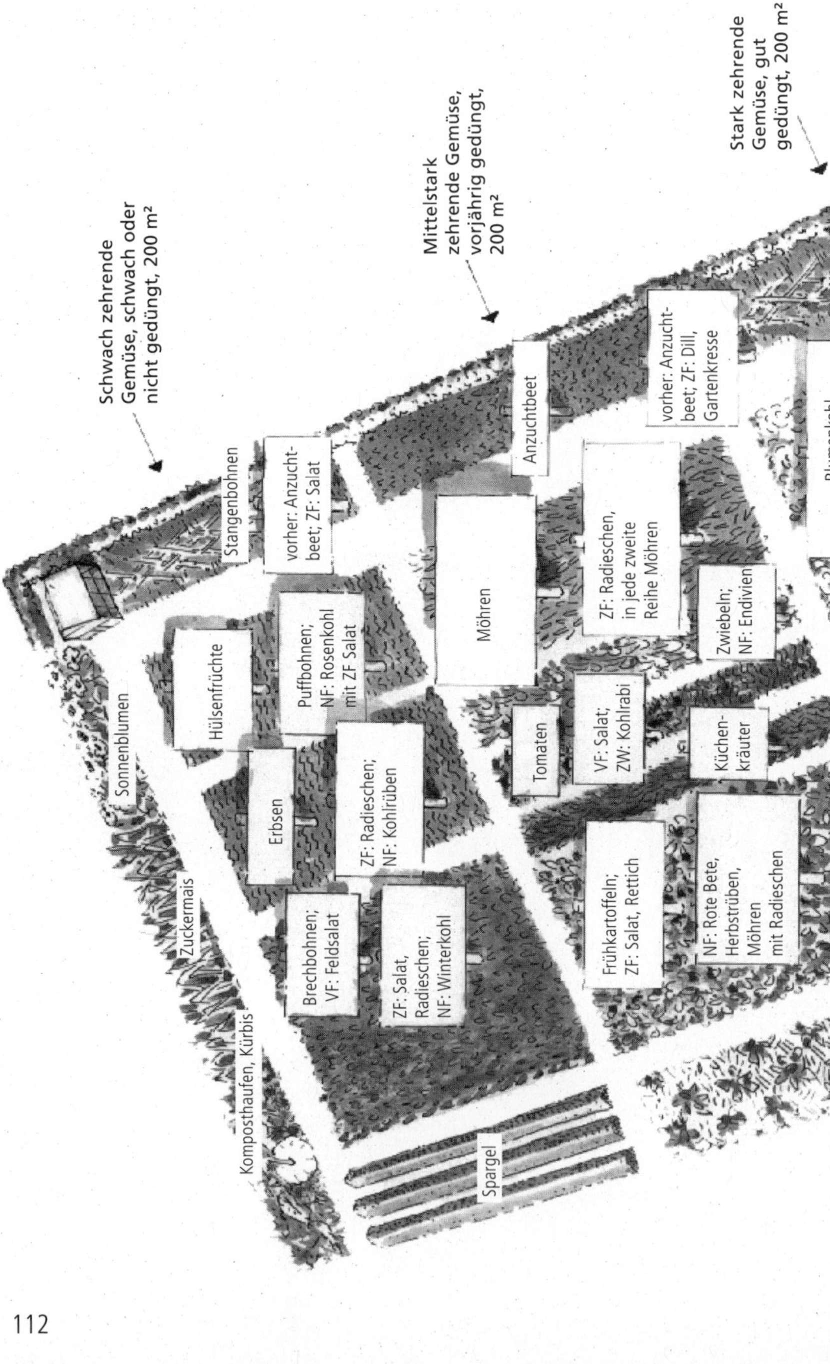
Schwach zehrende Gemüse, schwach oder nicht gedüngt, 200 m²
Mittelstark zehrende Gemüse, vorjährig gedüngt, 200 m²
Stark zehrende Gemüse, gut gedüngt, 200 m²
Stangenbohnen
vorher: Anzucht-beet; ZF: Salat
Anzuchtbeet
vorher: Anzucht-beet; ZF: Dill, Gartenkresse
Blumenkohl
Hülsenfrüchte
Puffbohnen; NF: Rosenkohl mit ZF Salat
Möhren
ZF: Radieschen, in jede zweite Reihe Möhren
Zwiebeln; NF: Endivien
Sonnenblumen
Erbsen
ZF: Radieschen; NF: Kohlrüben
Tomaten
VF: Salat; ZW: Kohlrabi
Küchen-kräuter
Zuckermais
Brechbohnen; VF: Feldsalat
ZF: Salat, Radieschen; NF: Winterkohl
Frühkartoffeln; ZF: Salat, Rettich
NF: Rote Bete, Herbstrüben, Möhren mit Radieschen
Komposthaufen, Kürbis
Spargel

Bepflanzungsplan für einen Gemüsegarten von 700 m² in drei Feldern

Wärmebedürftig oder kältetolerant?

tisch sein – vor allem im Frühjahr, wenn der Boden noch kalt ist, oder bei Bodenarten, die sich schlecht erwärmen. Hier sollte man zu schwarzer Mulchfolie oder Mulchpapier (siehe Seite 84ff.) greifen. Auch Rindenhumus und dunkler Kompost ziehen die Sonne an, doch ist der wärmende Effekt nicht so hoch wie bei den künstlichen Materialien.

Eine Standardlösung für das Mulchen im Gemüsegarten gibt es nicht, es hängt von der Sonneneinstrahlung, die regional sehr unterschiedlich sein kann, und von der Pflanzenart mit ihrem Wärme- und Nährstoffbedürfnis ab, ob und wie gemulcht werden sollte.

Neben dem Mulchen kann der Gemüsegarten mit Gründüngung, einem gehaltvollen Kompost oder Mist gedüngt werden.

Pflanz- und Mulchplanung im Gemüsegarten

Ein Mulchgarten ist immer individuell, örtliches Klein- und Großklima, Boden, Sonnenscheindauer und vor allem die Bepflanzung sind immer verschieden. Ein Pflanz- und Mulchplan kann zur Planung der individuellen Aktivitäten und bei der praktischen Umsetzung sehr hilfreich sein. Wenn man für jede Stelle im Garten langfristig Fruchtfolge und Art des Mulchens plant, weiß man beispielsweise jederzeit über Art und Menge der notwendigen Mulchmaterialien Bescheid, sodass ein rechtzeitiges Beschaffen der Materialien leicht möglich ist.

Bodenbearbeitung im Gemüsegarten

Oft reichen Krail und Sauzahn

Durch Mulchen, Kompost und Gründüngung kann man sich häufig ein tiefes Graben im Gemüsegarten ersparen. Oft ist der Boden so locker, dass eine »nicht wendende« Bodenbearbeitung mit Hacke, Krail (Vierzahn) oder Sauzahn reicht (siehe auch Sei-

Mulchrezept für lehmige und tonige Böden
Im Juli Lupinen aussäen, abfrieren lassen und die Reste auf den Beeten liegen lassen. Im Frühjahr mit einer Hacke einen Streifen freiräumen, einsäen und die Zwischenräume mit einem Stroh-Gras-Gemisch oder Rindenhumus mulchen.

te 38ff.) – wenn sie denn überhaupt notwendig ist: Die Handprobe verrät, ob direkt eingesät werden kann: Kann man die Hand etwa 8 cm in den Boden stecken, kann auf eine mechanische Lockerung verzichtet werden. Allerdings sind Art und Intensität der Bodenbearbeitung abhängig vom Bodentyp. Lehmige und tonige Böden sind oft nur mit Spaten und Pflug zu bearbeiten, Sandböden sind sehr viel lockerer. Ein Graben mit dem Spaten kann sinnvoll sein, um ein feines Saatbeet vorzubereiten und einer Verunkrautung zu begegnen.

Blicken Sie über den Gartenzaun!

Wie immer beim Mulchen ist auch bei der Bodenbearbeitung »Dogmatismus« fehl am Platze, man sollte sich die Bearbeitung in benachbarten Gärten sehr genau anschauen und mit alten Gärtnern sprechen, die langjährige Erfahrung mit dem regionalen Boden haben.

Ist der Gemüsegarten frei von Wurzelunkräutern, können Mulch und Gründüngung auch eingefräst werden, das eingefräste Material verbindet sich in den oberen Zentimetern optimal mit der Erde, und Sauerstoff und Wärme unterstützen die Zersetzung (siehe auch Seite 40).

Mulchen im Gemüsegarten

Vorbehandlung in der Miete

Das Mulchmaterial für den Gemüsegarten, beispielsweise Laub, grober Kompost, Rasenschnitt oder Mist sollte vorbehandelt werden.

Die **Vorbehandlung** kann folgendermaßen aussehen: Das Material wird zunächst mit stickstoff-

Schwach saurer Boden für Gemüse

haltiger Jauche (beispielsweise verdünnte Stalljauche), Brennnesseljauche oder mit in Wasser aufgelöstem Hornmehl (drei Handvoll Hornmehl auf zehn Liter Wasser) übergossen. Dadurch wird es nährstoffreicher. Bei saurem Boden kann dem Material während der Vorbehandlung auch Kalk beigefügt werden: Für Gemüse ist ein pH-Wert von 6 optimal. Das mit Jauche oder Hornmehl versetzte Mulchmaterial wird anschließend für ein bis zwei Monate in einer Miete oder einem Kegel aufgesetzt (siehe Seite 94ff.). Es erwärmt sich, wird nach und nach zersetzt und aufgeschlossen: Nährstoffe beginnen sich zu lösen, Krankheitskeime und Unkrautsamen werden abgetötet und Fäulnis, die auf Kulturpflanzen übergehen kann, wird verhindert.

Dieser Prozess kann statt in einer Miete auch direkt auf den Gemüsebeeten durchgeführt werden; die Feuchtigkeit verdunstet dann jedoch sehr schnell

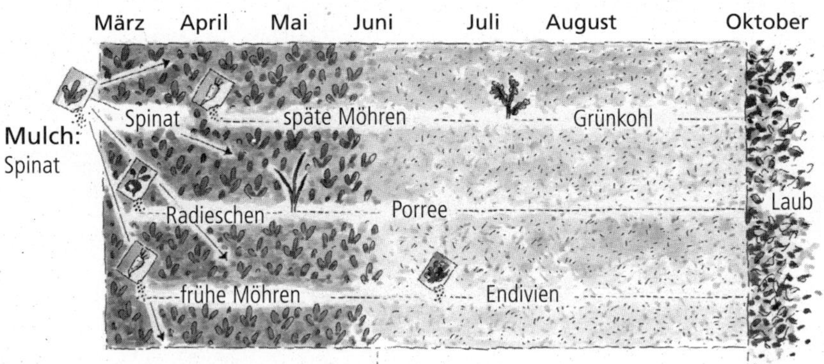

Mulchen: Mulch-Spinat säen; Mulch-Spinat für die Aussaat von Gemüse schneiden | Mulch-Spinat abhacken, zwischen den Saat- und Pflanzreihen liegen lassen | Mulchdecke aus Grasschnitt und Stroh | Winterdecke aus Laub

Gemüsekultur und Mulchen auf einem Beet im Jahresverlauf

und es entsteht keine Wärme (siehe auch Seite 63ff.). Auch eignet sich nicht jedes Material für die Umsetzung auf der Fläche: Soll beispielsweise mit Grasschnitt gemulcht werden, muss dieser mit Stroh oder Rindenmulch gemischt werden, was in einer Miete sehr viel besser gelingt als auf der Fläche.

Das vorbehandelte und angerottete Material wird dann während des Gartenjahres auf den Gemüsebeeten verteilt.

Abdeckung angepasst an die Jahreszeit

- **Herbst und Winter:** Je nach Bedarf kann bis zum Herbst gemulcht werden. Zum Winter hin erfolgt eine ganzflächige Abdeckung der Gemüsebeete mit einer Mulchdecke beispielsweise aus Laub. Das Bodenleben bleibt auf diese Weise länger aktiv, der Boden bleibt locker, Regenfälle im Herbst und Winter führen nicht zur Verschlämmung und Verdichtung des Bodens. Die Reste aus der Vorbehandlungs-Miete können mit neuem Laub gemischt werden.
- **Frühling und Sommer:** Im März wird der Mulch entfernt, damit die noch schwache Frühjahrssonne die Beete erwärmen kann. Jene Beete, die erst im April oder Mai, beispielsweise mit Kohl oder Salat, bepflanzt werden, oder auf denen spätes Gemüse wie Bohnen und Gurken gesät werden, bleiben weiterhin gemulcht. Auch Laubmulch kann auf den Gemüsebeeten liegen bleiben – Ausnahmen sind Eichen- und Walnusslaub, deren Gerbstoffe das Keimen der Samen verhindern können.

Feine Kompost- und Lauberde für feines Saatgut

Für feineres Saatgut sollte die überwinterte Mulchschicht vor der Aussaat entfernt werden. Stattdessen ist humose Komposterde, Lauberde (verrottetes Laub) oder Kompost aus Rasensoden gut als Mulch geeignet. Eine dünne Schicht dieses kostbaren Mulches wird auf den vorbereiteten Saatbeeten verteilt und grobe Stücke werden herausgesucht. Dann wird direkt in diese Mulchdecke oder knapp darunter ausgesät. Hat man nur wenig von diesem Mulchmaterial, wird es als gesiebtes Material nur für die Saatrillen verwendet. Dieser Edelmulch ist Dünger und verhindert das Austrocknen der Samen.

Halb reifer Kompost oder Beinwell für größere Pflanzen

Ab Juni, wenn die Pflanzen größer geworden sind, kann zwischen den Reihen gemulcht werden. Dabei sollte kein Stroh verwendet werden. Rasenschnitt, halb verrotteter Kompost, abgehackte Gründüngung oder Beinwellblätter (Comfreyblätter) sind gute Mulchmaterialien für den Gemüsegarten.

Achtung: Sogenannte Unkräuter sollte man nur sehr bedingt zum Mulchen verwenden, da sie oft Samen enthalten und die Verunkrautung infolgedessen immens sein kann.

Mulchrezept für Kartoffeln
Zehn Teile Stroh und zwei Teile Rindermist mischen. Falls die Mischung zu trocken ist, mit Brennnesseljauche übergießen; nach dem Pflanzen eine fünf Zentimeter dicke Schicht dieser Mischung auf dem Beet auftragen, später zwischen den Reihen auf zehn bis zwanzig Zentimeter erhöhen; nach dem Auflaufen der Kartoffeln die Mischung mit Meerrettichblättern mischen – Meerrettich, Zwiebeln und Schachtelhalm wirken vorbeugend gegen die Kartoffelfäule.

Säen und Pflanzen im Gemüsegarten

Direkt in die Mulchschicht

Grobe, **große Samen** wie Bohnen und Erbsen, die schnell auflaufen, können direkt in den Mulch gesät werden: Die Mulchdecke wird etwas zur Seite gekratzt, in eine Mulde oder Reihe werden die Samen gelegt und mit feinem Mulch bedeckt, damit sie nicht vertrocknen. Da Erbsen niedrige Keimtemperaturen bevorzugen und Bohnen erst im Mai gesät werden, ist der Boden unter dem Mulch für diese Pflanzen nicht zu kalt.

Gründüngung wie **Lupinen oder Getreide** kann beim Einarbeiten einer halb verrotteten Mulchdecke in den Boden direkt mit eingesät werden: Während man die halb verrottete Mulchdecke mit einer Hacke oder Fräse oberflächlich in den Boden einarbeitet und mit Erde vermischt, wird das Saatgut gleich mit eingearbeitet. Feinere Gründüngungssamen werden ausgestreut und mit einem Rechen eingearbeitet. Diese Methode eignet sich für Flächensaat.

Einarbeiten mit dem Mulch

Bei **feineren Samen** wie Möhren-, Rettich-, Zwiebel-, Kräuter- oder Blumensamen sollte die Mulchschicht vor der Aussaat entfernt werden. Nach dem Einsäen wird feine Komposterde oder Lauberde (verrottetes Laub), die den Boden düngt und ein Austrocknen der Samen verhindert, als dünne Schicht auf den Beeten verteilt.

Erst den Mulch entfernen

Pilliertes Saatgut

Beim Pillieren von Saatgut wird der Samen mit einem Mantel aus Lehm überzogen, der bei Feuchtigkeit aufquillt und Nahrung und Wasser zur Verfügung stellt, bis der Keim Erdkontakt hat. Pilliertes Saatgut kann direkt in den Mulch gesät werden und ist sehr unempfindlich gegenüber Trockenheit.

Bentonit, ein Tonpulver, das man in Gartengeschäften kaufen kann, eignet sich als Überzugsmaterial. Die Samen werden in einer Schüssel mit Wasser besprüht, dann mit trockenem Bentonit bestreut und hin- und hergeschwenkt. Wenn der Staub nicht haften bleibt, die Samen eventuell noch mit Wasser besprühen. Pilliertes Saatgut gibt es auch zu kaufen.

Für das **Pflanzen** wird mit der Hacke eine Furche, ein Streifen, in den Mulch gezogen, nach dem Setzen wird der Mulch an die Pflanzen herangezogen – dabei einen kleinen Abstand zwischen Pflanzenstängel und Mulchmaterial lassen (siehe Seite 93). In die Pflanzlöcher kann etwas organischer Dünger wie Hornmehl oder Kompost gegeben werden.

Obstgarten

Konkurrenz zum Obstbaum

Grundsätzlich erhöht eine Dauerbegrünung unter Obstgehölzen, beispielsweise mit Gras, den Humusgehalt im Boden. Doch Gras unter Bäumen und Sträuchern konkurriert mit diesen erheblich um Wasser und Nährstoffe. Deshalb wird der Baumstreifen in kommerziellen Obstplantagen fast immer frei gehalten. Im konventionellen Landbau geschieht dies in der Regel mit Herbiziden, während im ökologischen Anbau mit thermischen Verfahren, mechanischen Geräten oder verschiedenen Mulchmaterialien gearbeitet wird.

Auch im eigenen Garten ist das Mulchen unter Obstbäumen und zwischen Beerensträuchern sinnvoll.

Obstbäume

Nicht unter dem Obstbaum graben!

Obstbäume haben ein umfangreiches Wurzelwerk: Die Hauptwurzeln gehen in die Tiefe, um dem Baum Stand zu geben und um Wasser und Nährstoffe nach oben zu holen. Feine Saugwurzeln befinden sich in den oberen Bereichen des Wurzelwerkes und wachsen fast bis an die Erdoberfläche. Sie entnehmen dem Boden Stickstoff, der durch Mikroorganismen aus organischem Material gelöst wird. Da diese feinen Wurzeln leicht verletzt werden können, sollte im Bereich der Baumscheibe, unter dem Baum, auf eine Bodenbearbeitung verzichtet beziehungsweise nur ganz flach gewendet werden.

Die tote Baumscheibe

»Baumscheibe« wird die Fläche unter einem Baum genannt.

»Tot« ist hier eigentlich das falsche Wort, da sich der Boden durch diese Mulchmethode mit Regenwürmern belebt. Die Mulchmethode der toten Baumscheibe bezeichnet die Abdeckung des Bodens unter dem Obstbaum mit abgestorbenen organischen Materialien.

Aktive Regenwürmer in der Baumscheibe

Je nach vorhandenen Materialien und Gegebenheiten gibt es verschiedene Möglichkeiten:

▷ Die gesamte Fläche unter dem Baum wird mit angerottetem Stroh, Rasenschnitt, Gemüseresten und Mist bedeckt.
▷ Die Baumscheibe wird ständig mit Rasenschnitt nachgefüttert, der beim Mähen der Obstwiese anfällt.
▷ Die Baumscheibe wird mit Stroh bedeckt, damit sie nicht austrocknet.

Ein Netz über der Fläche schützt vor Amseln, welche die Mulchschicht gerne nach Regenwürmern durchsuchen und dabei den Mulch im Garten verstreuen. Größere Probleme können Wühlmäuse machen, deren Lebensbedingungen durch die Abdeckung verbessert werden (siehe auch Seite 136ff.) und die gerne die jungen Wurzeln der Bäume benagen.

Die lebende Baumscheibe

Klee unter Obstbäumen ist erste Wahl

Bei der Mulchmethode der lebenden Baumscheibe wird der Boden flach gewendet. Anschließend werden Wurzelunkräuter ausgelesen oder es wird Mutterboden in einer Schichtdicke von etwa zehn Zentimetern ausgebracht. In die schwarze Erde wird Gründüngung gesät (siehe Seite 70). Bewährt haben sich zu diesem Zweck Leguminosen wie Lupine, Inkarnatklee oder Ackerbohne, da sich an ihren Wurzeln Stickstoff aus der Luft »deponiert«, der den Baum genau auf Höhe seiner Wurzeln ohne Stickstoffverluste düngt.

Die Mulchmethode der lebenden Baumscheibe mit Gründüngung ist eindeutig effektiver als die Methode der toten Baumscheibe; sie fixiert Nähr-

Unter Obstbäumen ist organischer Mulch oder Gründüngung eine ausgezeichnete Bodenbedeckung. Der Boden trocknet nicht aus und der Baum wird mit Nährstoffen versorgt.

stoffe im Wurzelbereich des Baumes, die Baumscheibe trocknet nicht aus und es entstehen keine »Energieverluste« an die Umwelt. Allerdings bedeutet Gründüngung aufgrund der nötigen Bodenvorbereitung für das Säen mehr Arbeit.

Beerensträucher

Laub und Kompost für Beerenobst

Beerensträucher wie Himbeeren, Johannisbeeren und Stachelbeeren werden wie Obstbäume gemulcht. Bewährt hat sich hier, die Mischung aus Stroh und Rasenschnitt mit Laub oder Rindenmulch etwas waldiger zu gestalten. Zusätzlich benötigen diese Sträucher düngende Zusätze wie Kompost oder Mist, da es sich bei ihnen um Züchtungen und nicht um die waldbewohnenden Ursprungssorten handelt. Himbeeren, Johannisbeeren, Brombeeren und Stachelbeeren mögen schwach sauren Humus mit Kalk. Streu aus dem Wald wie Blätter und Tannennadeln, vermischt mit Kompost, sind beispielsweise eine gute Bodenabdeckung für Himbeeren.

Erdbeeren

Stroh hält Pilzkrankheiten fern

Auch Erdbeeren bevorzugen einen schwach sauren Humus mit Kalk. Sowohl im konventionellen wie auch im ökologischen Erdbeeranbau wird mit Stroh zwischen den Reihen und unter den Pflanzen gemulcht, damit die Früchte nicht von Pilzen befallen werden und schön sauber bleiben. Denn Erdbeeren, die auf dem Boden liegen, verschmutzen und müssen umständlich gewaschen werden.

Der Zeitpunkt des Strohaustragens sollte sich nach dem individuellen Klima des Jahres richten: In einem warmen Frühjahr kann der Austrag schon vor der Blüte erfolgen, in kalten Jahren dagegen erst

Stroh unter Erdbeerpflanzen hält die Früchte sauber und schützt sie vor Grauschimmel

Grauschimmel bei Erdbeeren

Der Grauschimmel *(Botrytis cinerea)* überwintert auf den abgestorbenen Pflanzenteilen. Er tritt als »Schwächeparasit« insbesondere in nassen Jahren und bei schlechtem Pflanzenwuchs auf.
Weite Pflanzabstände, gute Bodenlockerung und Drainage sowie eine Entlaubung im Herbst sind vorbeugende Maßnahmen gegen einen Befall. Auf hohe Stickstoffgaben sollte verzichtet werden, weil dadurch wässrige und sehr krankheitsanfällige Früchte entstehen. Vor Vegetationsbeginn sollte eine kalibetonte Düngung mit Holzasche, Beinwelljauche oder Kalimagnesia stehen, weil dies einen vermehrten Blütenansatz fördert. Daneben gilt es die Sortenwahl zu beachten. Erdbeersorten sind unterschiedlich widerstandsfähig gegen Grauschimmel: *Senga Sengana* beispielsweise, eine bekannte Sorte, ist recht widerstandsfähig.

kurz bevor sich die Frucht auf den Boden senkt – zu einem früheren Zeitpunkt kann es zu Spätfrostschäden kommen, da die Stroheinlage die Bodenerwärmung verringert. Achtung: Zu fein gehäckseltes Stroh bleibt bei Nässe an den Früchten kleben! Auf starkes Gießen kann verzichtet werden, da der Boden unter dem Strohmulch feucht bleibt. Übermäßiges Gießen schafft im Gegenteil ein Mikroklima, in dem sich verstärkt Grauschimmel entwickelt.

Statt Stroh behagt Erdbeeren auch eine »waldige« Mischung aus Laub, Tannennadeln und Kompost.

Urbarmachung

Pappe ist besser als Folie

Eine Möglichkeit, Wiese, Rasen oder »Unland« in einen Gemüse- oder Staudengarten umzuwandeln, das Land also urbar zu machen, ist das Mulchen mit Pappe. Die »unerwünschte« Vegetation wird abgedeckt und geht infolgedessen zugrunde. Pappe hat gegenüber anderen abdeckenden Materialien wie Vliesen und Folien aus Kunststoff den großen

Vorteil, dass sie atmungsaktiv ist, den Austausch von Bodengasen also nicht behindert, sowie Regen durchlässt. Unter einer Folie dagegen ist der Boden am Ende der Maßnahme völlig ausgetrocknet (»Wiese zu Wüste«).

Eineinhalb Jahre lang lückenlos bedecken

Für die Urbarmachung wird die Vegetation zunächst niedergetreten oder mit der Sense abgeschnitten. Auch eine schwere Handwalze leistet gute Dienste. Dann erfolgt die lückenlose Abdeckung mit Pappe. Dies können Kartons sein, die man bedarfsgerecht zerlegt und sorgfältig von Klebestreifen und Eisenklammern säubert. Gut eignet sich Wellpappe, die man preiswert in großen Rollen bei Kartonagenherstellern kaufen kann (siehe auch Seite 84f.). Die einzelnen Pappstücke sollten jeweils eine Handbreit übereinanderliegen, damit kein grüner Spross das Licht erblickt. Ausdauernde Pflanzen wie Quecke und Wurzelunkräuter haben viel Überlebenskraft, sie müssen mindestens eineinhalb Jahre zugedeckt bleiben. Man muss sehr sorgfältig arbeiten, um diese Pflanzen erfolgreich zu verdrängen. Achtung: Staudengärten, die mit Giersch zugewuchert sind, lassen sich auf diese Weise nicht säubern (siehe auch Seite 102f.)!

Auf die Pappe kann man aus ästhetischen Gründen eine Abdeckung aus Rindenmulch, Hobelspänen oder Stroh legen, da die Pappabdeckung unschön aussieht. Außerdem hält die Pappe mit einer zusätzlichen Abdeckung länger. Die Mulchdecke muss ständig kontrolliert werden: Sobald sich etwas Grünes zeigt, wird ein Stück Pappe aufgelegt und wieder mit Stroh abgedeckt.

Pflanzfenster für Bäume und Sträucher

Im nächsten Jahr kann dann gepflanzt werden: In die Pappe wird ein Loch gerissen und die Pflanze eingesetzt. Diese Methode eignet sich insbesondere für die Pflanzung von Sträuchern und Bäumen (siehe auch Seite 99). Auch grobes Saatgut wie Bohnen oder Kartoffeln kann auf diese Weise gesät werden. Feines Saatgut eignet sich nicht.

Mulchen auf Sandböden

Schutz gegen Erosion und Trockenheit

Sand hat im Vergleich zu anderen Bodenarten eine gröbere Körnung und dadurch viele Hohlräume, die für eine starke Durchlüftung und Leichtigkeit des Bodens sorgen und Regen »nur so durchrinnen« lassen. Deshalb neigen Sandböden dazu, bei Trockenheit zu verwehen und bei starken Regenfällen weggeschwemmt zu werden. Auch der Humusgehalt ist in der Regel sehr gering, da Nährstoffe an der glatten Oberfläche der Körnchen nicht haften bleiben.

Ein Mulchteppich schützt Sandböden ausgezeichnet gegen Erosion und Trockenheit: Hier ist auch eine überwinternde Gründüngung mit Klee, Landsberger Gemenge, Getreide oder Raps sinnvoll, um der Auswaschung von Nährstoffen entgegenzuwirken (siehe Seite 81).

Vorteile des Mulchens auf Sandböden

- Ein **Verwehen** des Bodens **wird abgefangen:** Um in extremen Lagen ein Verwehen des Sandes zu verhindern, kann mit sehr grobem Material wie Chinaschilf, Zweigen oder Stroh gemulcht werden, auch alle anderen Mulchmaterialien sind geeignet.
- Durch organisches Material wird die **Wasserspeicherfähigkeit** des Bodens **erhöht:** Regenwürmer ziehen das organische Material in den Boden und zersetzen es, wodurch der Humusgehalt des Bodens steigt. Humus wirkt wie ein Schwamm, indem er Wasser und Nährstoffe speichert.
- Die Bodenbedeckung **verhindert** die **Wasserverdunstung,** wodurch unter der Mulchdecke eine »Schattengare« mit regem, intensivem Bodenleben entsteht.
- Die Mulchdecke liefert – in bescheidenem Maßstab – **Pflanzennährstoffe.**

Mulchwege

Mulchwege verleihen Flügel

Immer mehr Fläche wird versiegelt, das Wasser kann nicht mehr versickern und gleichzeitig ist ein asphaltierter oder gepflasterter Belag oft sehr hart beim Gehen, er macht müde oder schafft Rückenprobleme, da er nicht federt. Noch problematischer ist ein harter Belag aus Beton und Stein für Kinder, wenn sie von Spielgeräten abspringen oder hinfallen.

Ein Belag aus federnden Mulchmaterialien ist für viele Flächen, die begehbar sein sollen, geeignet.

Für **Spielplätze** eignet sich besonders gut Rindenmulch: Dieser weiche Belag verhindert Verletzungen und lässt im Gegensatz zu Kies bei Stürzen keine Schürfwunden entstehen. Es gibt spezielle Spielplatzrinde, die »TÜV-sicher« ist.

Mulchmaterialien für Wege

- **Hackschnitzel** oder **Rindenmulch** als Deckmaterial in einer Schichtdicke von fünf bis zehn Zentimetern. Wichtig ist, dass das Wasser schnell versickert, damit der Belag nicht so schnell verrottet. Als Unterbau sollte daher Sand oder Schotter genommen werden.
- Auch **Kies** ist ein idealer Belag für Wege, er ist wasserdurchlässig und knirscht schön unter den Füßen. Damit die Steine nicht in die Umgebung abwandern, sollte der Weg mit Bordsteinen eingefasst werden. Eine gut geeignete Unterlage ist Geovlies. Geovlies ist ein engmaschiges Gewebe, das unter Pflastersteinen oder Kies verlegt wird. Unkraut wächst nicht durch das Vlies, und der Boden senkt sich gleichmäßig, wenn er belastet wird. Das Vlies ist reißfest, verrottet nicht und lässt Wasser durch. Man erhält es in Baustoffhandlungen (nicht im Baumarkt) von der Rolle. Statt Geovlies kann Teichvlies verlegt werden.
- Gute Erfahrungen haben wir auch mit **Weißklee** gemacht, der in etwas festgestampfte Erde gesät wird und den Garten wie eine grüne Ader durchzieht. Durch das Betreten bleibt der Weißklee niedrig.

Im Mulchgarten arbeiten

Arbeitsaufwand

Aufgaben im Mulchgarten

Auch wenn das Mulchen aufwendige Gartenarbeit in Teilbereichen reduziert, wird eine Regulierung des Gartengleichgewichtes »wie von selbst« leider nicht erreicht:

- ▷ Je nach Jahreszeit müssen die Mulchdecken abgenommen werden.
- ▷ Wenn Unkräuter auftauchen, müssen sie mühsam gezupft werden.
- ▷ Bestimmte Mulchmaterialien müssen, soweit sie nicht im eigenen Garten vorhanden sind, beschafft und zwischengelagert werden. Die Beschaffung und der Transport können problematisch sein: Woher soll ich in der Stadt Stroh bekommen? Und im Mai Laub? Es muss gesammelt und zwischengelagert werden, eventuell muss man sich um einen Anhänger für den Transport bemühen.
- ▷ Wie lässt sich das Mulchen mit anderen Arbeiten im Garten und der Gesamtgestaltung des Gartens verknüpfen – schließlich soll es kein Fremdkörper sein?
- ▷ Verschiedene Mulchmaterialien müssen gemischt werden, die Materialien werden mit Gründüngung kombiniert – neben Planung bedeutet dies auch zusätzliche körperliche Arbeit.
- ▷ Klassische Kulturmaßnahmen wie Düngen und Nachdüngen von Pflanzen, auch das Gießen mit Wasser und Jauchen werden schwieriger, da die Mulchdecke wie Löschpapier alles aufsaugt.

So wird man abwägen und anfangs nur Teile des Gartens mulchen, zuerst die Gehölzbeete, es anschließend mit einigen Beeten im Gemüsegarten probieren und sicher immer neue Gebiete erschließen. Wenn das Mulchen nicht alltagstauglich ist, verschwindet es wieder aus dem Garten, wird sogar lästig. Hier ist weniger »Erziehung« als vielmehr Planung und Praktikabilität des Mulchens im eigenen Garten gefragt.

Planung

Eine Gartenskizze steht am Anfang

Generell muss geplant werden, in welchen Bereichen des Gartens welches Mulchmaterial zum Einsatz kommen soll.

Hierbei hilft eine Planskizze des Gartens, um sich einen Überblick zu verschaffen (siehe auch Seite 130). Am Anfang stehen wichtige Fragen:

- Wie ist das Klima?
- Wie viele Sonnentage gibt es im Jahr?
- Wie sind der Boden und das Terrain beschaffen?
- Welche Gartenbereiche gibt es?
- Was wächst in welchem Gartenbereich oder soll dort wachsen?
- Was soll mit dem Mulchen im jeweiligen Gartenabschnitt erreicht werden?

Dann geht's ins Detail: Für die einzelnen Pflanzen und Bereiche werden entsprechendes Material und ein Mulchplan festgelegt.

Schritt für Schritt ans Ziel

Die schrittweise Umstellung ist sicher ein guter Weg: Also zunächst mit Teilflächen Erfahrungen sammeln, um jene Mulchtechnik zu entwickeln, die zum eigenen Garten, zum Klima und Boden passt, bevor man alles eindeckt.

Dabei sollte man das Wachstum der Pflanzen beobachten, die Lockerung des Bodens testen, nach den Regenwürmern schauen und den Abbau der Mulchdecke messen.

Ein Heft zum Aufzeichnen der Beobachtungen leistet gute Dienste, eine Kamera ist ebenso gut, und die Fotos können zu einer Dokumentation zusammengestellt werden.

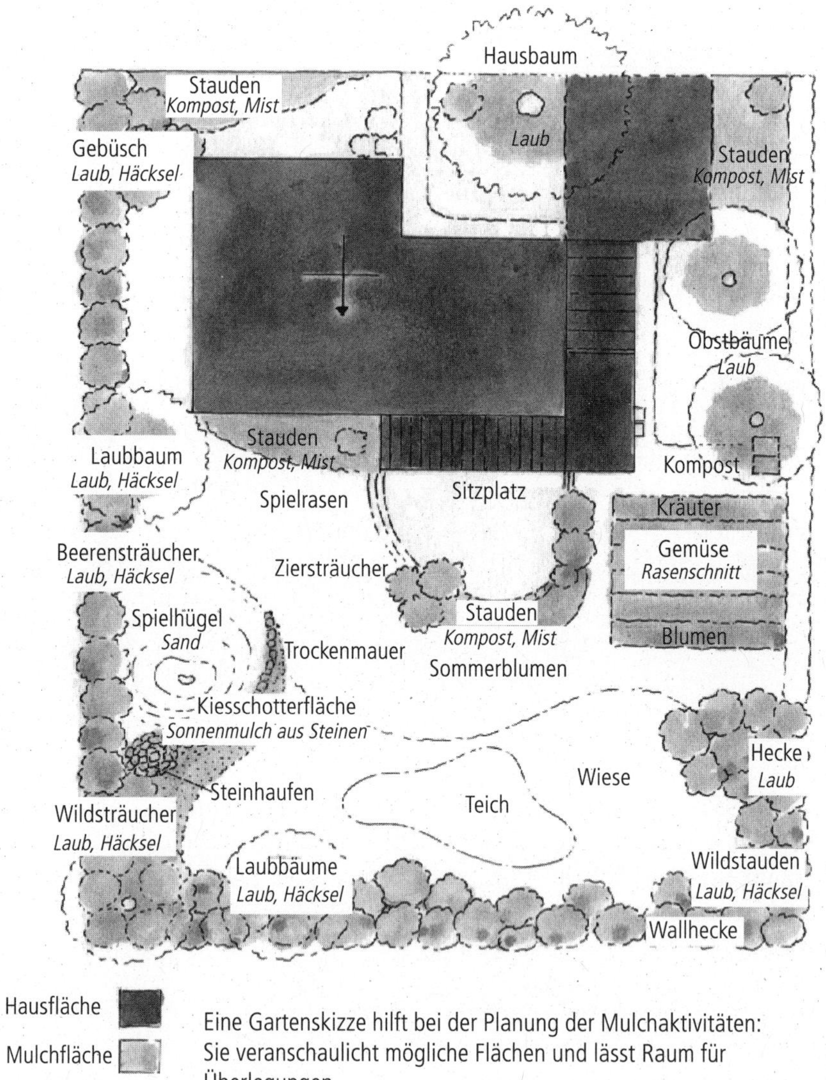

Eine Gartenskizze hilft bei der Planung der Mulchaktivitäten: Sie veranschaulicht mögliche Flächen und lässt Raum für Überlegungen

Geräte

Folgende Gartengeräte leisten gute Dienste im Mulchgarten (siehe auch Seite 38ff.): Grabeforke, Schlaghacke, scharfe Unkrauthacke, Spaten und Sauzahn (Bio-Bodenlüfter).

Auch ein Mulchmäher (siehe Seite 56) und gegebenenfalls eine Fräse (siehe Seite 39f.) können nützlich sein.

Ein Häcksler leistet gute Dienste

Eine weitere technische Aufrüstung für den Mulchgarten ist ein Schredder oder Häcksler, der Strauchschnitt, Staudenreste und Ähnliches zerkleinert. Lassen Sie sich bei der Anschaffung kompetent beraten. Zu kleine Häcksler kapitulieren rasch vor größeren Zweigen, große Geräte sind oft recht teuer. Eine gemeinsame Anschaffung mit den Nachbarn kann hier lohnend sein.

Grobes Material zu zerkleinern ist sinnvoll, weil sich dadurch die Oberfläche des Materials vergrößert und sich Mikroben besser ansiedeln können. Das Material wird auf diese Weise schneller zersetzt.

Arbeitskalender

Im Jahresverlauf sind unterschiedliche Arbeiten im Mulchgarten nötig. Der folgende Arbeitskalender kann bei der Arbeitsplanung im eigenen Garten helfen. Bitte berücksichtigen Sie auch die Vorschläge für Gründüngung und planen Sie diese in Ihren ganz persönlichen Arbeitskalender mit ein (siehe Seite 78f.).

Januar

▷ Der Garten ruht. Das Herbstlaub ist eine warme Schicht, die das Bodenleben schützt und das tiefe Eindringen von Frost verhindert. Auch das Bodenleben ruht – bis es im Frühjahr wieder erwacht.

Februar

▷ Planung des Gartenjahres.
▷ Löcher für das Pflanzen von Obstbäumen ausheben.
▷ Mist vom Bauern holen und den Mist zum Kegel oder zur Miete aufsetzen.
▷ Bei trockenem Wetter den Boden lockern.

März

▷ Bodenfestigkeit prüfen. Hat sich der Boden verfestigt, mit Sauzahn lockern. Schwere Lehm- und Tonböden mit dem Spaten umgraben.
▷ Kompost ausbringen: Beim Herrichten der Beete ausstreuen und leicht mit der Hacke oder dem Sauzahn einarbeiten.
▷ Ganzjährige Gründüngung wie Ackerbohnen einsäen.
▷ Erste Aussaat von Gemüse wie Puffbohnen oder Schwarzwurzeln.
▷ Mieten zum Anrotten von Stroh mit frischem Stroh ergänzen und umsetzen.
▷ Im Gemüsegarten und auf den Erdbeerbeeten Mulch abnehmen.
▷ Rosen entmulchen.

April

▷ Aussaat von Gemüse wie Möhren, Rote Beten, Kohl oder Erbsen.
▷ Kohlrabi, Salat und Kohl pflanzen und diese Beete mit Stroh und Mist mulchen.
▷ Obstgehölze mulchen, gegebenenfalls Baumscheiben (siehe Seite 120ff.) für die Gründüngung vorbereiten.

Mai
- ▷ Zwischen Möhren und Schwarzwurzeln den ersten Rasenschnitt legen.
- ▷ Bohnen direkt in den Mulch legen.
- ▷ Im Staudenbeet jäten und mulchen.
- ▷ Gehölze laufend mulchen.
- ▷ Offener Boden, schwarze Folie oder Mulchpapier für Wärme liebende Pflanzen wie Gurken, Paprika oder Tomaten.
- ▷ Faservlies nur in kühlen Nächten.

Juni
- ▷ Unter Gehölzen und auf Beeten laufend mulchen.
- ▷ Unter der Mulchdecke mit der Grabeforke lockern.

Juli
- ▷ Frühkartoffeln ernten, anschließend sofort Gründüngung wie Phacelia oder Lupine säen.
- ▷ Jedes freie Beet sofort mit Gründüngung einsäen: Beim Einsäen in Mulch diesen erst einfräsen oder -hacken.

August
- ▷ Ernten und nicht an Mulchen denken.

September
- ▷ Herbstlaub sammeln.

Oktober
- ▷ Mieten aus Laub, Stroh und Ähnlichem aufsetzen: Das Material dient im Frühjahr als Mulch.
- ▷ Schwere Ton- und Lehmböden umgraben.

November
- ▷ Beete mit Laub oder Gründüngung einpacken.
- ▷ Gehölze und Bäume mit Laub mulchen.

Dezember
- ▷ Gehölze schneiden und Schnittgut häckseln. Häckselgut in Mieten aufsetzen, anfeuchten und nach einem oder zwei Jahren verwenden.
- ▷ Laub als Schutz unter Bäumen und Sträuchern liegen lassen.

Hilfe bei Problemen

In den vorhergehenden Kapiteln wurden bereits einige Probleme angesprochen, die beim Mulchen auftauchen können. Im Folgenden werden einige Aspekte noch einmal mit Lösungsansätzen erörtert.

Unkraut

Rindenmulch für Unkrautbeete

Manchmal kann bei ungünstigen Bedingungen wie einem nassen Sommer, Unkrautsamen im Mulchmaterial oder Zeitmangel Unkraut im Mulchgarten zum Problem werden, da bewährte Methoden gegen Unkraut wie Hacken nur in Ausnahmefällen möglich sind. Besteht ein großer Unkrautdruck im Garten, kann mit grobem Material gemulcht werden, mit gehäckseltem Stroh, Spelzen oder Rindenhumus. In diesem Material kann auch gehackt werden.

Am wichtigsten ist Vorbeugung:

- ▷ Vor dem Mulchen sollten die Beete frei von Wurzelunkräutern sein (siehe auch Seiten 22f., 102f. und 124ff.).
- ▷ Möglichst unkrautfreie Mulchmaterialien im Garten ausbringen: Vorsicht bei Heu oder Stroh (siehe auch Seiten 49f. und 56f.).

Nacktschnecken

Nacktschnecken mögen es warm und feucht

Nacktschnecken sind auch in einem ungemulchten Garten ein Problem, doch bieten feuchtwarme Mulchdecken einen optimalen Unterschlupf und die Möglichkeit zur Eiablage. Bitte denken Sie bei allem Ärger über abgefressene Gartenpflanzen daran, dass Weinbergschnecken und andere Gehäuseschnecken nicht die Übeltäter waren, sondern meist allein Nacktschnecken am Werk waren. Was tun?

Schnecken schrecken

- Grundsätzlich: Nacktschnecken sind nur dann ein Problem, wenn ein Ungleichgewicht im Garten besteht: wenn natürliche Schneckenvertilger keinen Lebensraum finden, wenn die Pflanzenauswahl einseitig und die Pflege der Pflanzen nicht deren Bedürfnissen entspricht.
- Bevor man den Garten mulcht, sollte man alle Schneckenverstecke beseitigen: Bretter, hohes Gras oder »ungepflegte« Gartenecken in der Nähe von Gemüse und Stauden. Plattenwege oder Kiesflächen um den Gemüsegarten sind Hindernisse, die von Schnecken nicht gerne überkrochen werden. Hier kann auch Kalk oder Steinmehl ausgestreut werden, wodurch die Schnecken verkleben und zugrunde gehen. Nach vierzig Jahren Biogartenerfahrung halte ich vorbeugende Maßnahmen wie das Beseitigen von Verstecken für außerordentlich wichtig.
- Einige Mulchmaterialien wie Tannennadeln und Lavagrus wirken abschreckend auf Schnecken.
- Schneckenzäune aufstellen:
  Eine Form des Schneckenzauns sind geknickte Blechstreifen, die man kaufen kann oder selbst umknickt.
  Eine zweite Form sind elektrische Schneckenzäune, die aus einem Netz feiner Drähte bestehen. Sie werden mit einer 9-V-Batterie betrieben.
- Im Frühjahr Schneckenkorn auf Wirkstoffbasis einer Eisen-III-Phosphat-Mischung ausstreuen. Es ist umweltverträglich, biologisch abbaubar und schont Nützlinge wie Igel, Regenwürmer oder Bienen. Bei Eisenmangel im Boden kann dieses Schneckenkorn später zusätzlich den Boden düngen.

Abgeknickte Blechstreifen um Gemüse- und Blumenbeete halten Schnecken fern

- Ökologisch verträgliches Schneckengranulat oder Schneckenabwehrgel einsetzen.
- Indische Laufenten sind Schneckenvertilger. Allerdings sollten schon die Jungtiere mit Schnecken gefüttert werden, weil sich die Enten sonst lieber an den Salat halten.
- Hühner, die man im Winter in den Garten lässt, finden beim Kratzen im Boden garantiert alle Schneckeneier. Allerdings mögen Hühner keine ausgewachsenen Schnecken, da diese ihnen die Schnäbel verkleben.
- In nassen Sommern sollte man auf das Mulchen verzichten und die Mulchdecken auch wieder abtragen.
- Sackfallen im Garten auslegen: Ein feuchter Kartoffelsack wird locker auf den Boden gelegt. Schnecken verstecken sich vor der Mittagssonne darunter und können anschließend abgesammelt werden.

Wühlmäuse

Dem Biogärtner wird ein gutes, liebevolles Verhältnis zu Tieren nachgesagt. Nur bei zwei Tieren gerät auch sein Blut in Wallung, rutscht er ab in militärisches Vokabular, von »Ausmerzen« ist die Rede, von »Plagen«, und er ist durchaus bereit, all seinen Erfindergeist in Mordwerkzeuge zu investieren: Von Schnecken ist die Rede und von der Wühlmaus *(Arvicola terrestris L.)*. Der Letzteren wollen wir uns im Folgenden zuwenden.

Wühlmausgänge im Wurzelbereich

Ungefähr achtzehn Zentimeter ist sie lang, gelbbraun bis schwarz, die Ohren im Fell versteckt und etwas plump von Gestalt. Ihre Gänge sind halb oval, die Erdhaufen im Vergleich zu denen des Maulwurfs unordentlicher und länglicher. Die Gänge befinden sich etwa fünfzehn bis zwanzig Zentimeter unter der Erdoberfläche, also gerade im Wurzelbereich der meisten Gehölz- und Gemüsepflanzen.

Wühlmäuse sind Pflanzenfresser, besser gesagt Wurzelfresser. Sie bevorzugen Kohl, Möhren und Salat. Im Obstgarten werden die Wurzelstöcke abgenagt, oft befinden sich unter einem abgenagten Baum auch ihr Nestkessel und die Vorratskammer.

Bei den Blumen frisst sie Tulpen, Krokusse und Lilien, nicht so sehr Narzissen und Hyazinthen, in Weinbergen die Wurzeln der Reben.

Nicht unerheblich ist auch der Schaden durch ihre systematische Wühlarbeit, die frische Saat wird hochgedrückt, das Frühbeet durchgearbeitet, vom Hügelbeet ganz zu schweigen, hier scheinen sich die Wühlmäuse am liebsten zu versammeln.

Wühlmäusen sagt die geringe Bodenbearbeitung und die dicke Schicht leicht bewegbarer Materialien im Mulchgarten zu. Die Tiere tauchen jedoch – sofern sie nicht schon vor dem Mulchen im Garten leben – in solchermaßen bewirtschafteten Gärten nicht zwangsläufig auf, sondern nur dann, wenn sie in der Umgebung keinen anderen Lebensraum finden. So wird ein Garten beispielsweise in Gebieten mit intensiver Rinderhaltung oder ständigem Pflügen zur Fluchtinsel für die Tiere: Die Wühlmäuse fliehen vor der Bodenerschütterung in ruhigere Bereiche. Ist die Gegend rund um den Garten vielseitig und voller (Mäuse-)Nahrung, gibt es Obstwiesen und extensiv bewirtschaftetes Grünland, bleiben die Wühlmäuse lieber dort und führen nur gelegentliche Exkursionen in den Mulchgarten durch.

Sind die Gänge noch bewohnt?

Beim Vorgehen gegen Wühmäuse gilt es, zuerst zu erkennen, ob die Gänge noch benutzt werden. Mit einem Suchstab (Spazierstock) sticht man um die Obstbäume herum und an den Gemüsereihen entlang in den Boden. Trifft man auf einen Hohlraum, kann man den Gang trichterförmig durch Drehen des Stabes öffnen. Ist »jemand zu Hause«, sind die Löcher schnell wieder zugewühlt.

Nun kann man zu Abwehr oder Vernichtung schreiten. Es gibt eine Menge alter Hausmittel, die sehr unterschiedlich wirken.

Natürliche Feinde anlocken

Generell kann man sagen, dass ein starker Befall mit Wühlmäusen ein Indiz für das Verschwinden ihrer natürlichen Feinde ist. Durch Aufstellen von Sitzstangen für Raubvögel, das Halten von Katzen oder durch Steinhaufen, in denen sich Wiesel verstecken können, kann man zur Wiederherstellung des Gleichgewichts beitragen.

Es gibt außerdem einige Pflanzen, die Mäusen nicht behagen: Kaiserkrone, Kreuzblättrige Wolfsmilch oder Knoblauch. Sie werden in und um den Garten gepflanzt. Diese Pflanzen wirken jedoch nur sehr lokal, auf Tonböden versagt ihre Wirkung ganz.

Knoblauch und Holunderjauche gegen Wühlmäuse

Weitere Mittel sind Holunderjauche (vergorene Blätter und Triebe) und Knoblauchauszüge. Die Lösungen werden unverdünnt in die Gänge gegossen.

Manchmal lassen sich die Mäuse auch akustisch vertreiben: Hierzu leere Flaschen mit der Öffnung nach oben eingraben – wenn der Wind darüberstreicht, wird ein Heulton erzeugt, der den Mäusen (hoffentlich) auf die Nerven geht.

Im Hügelbeet kann als unterste Schicht Thuja gelegt werden, und die Wurzeln frisch gepflanzter Obstgehölze können mit einem engmaschigen Netz umgeben werden.

Von einigen Mitteln, die immer wieder empfohlen werden, ist wirklich abzuraten, da sie Boden und Pflanzen verseuchen: das Tränken der Gänge mit Karbolineum oder Motorenöl, das Hineinleiten von Auspuffgasen, aber auch chemisch-industrielle Präparate wie Gaspatronen auf Phosphor- oder Wasserstoffbasis, ebenso Köder auf Schwefel- oder Zinkphosphidbasis.

Lockmittel Topinambur

Gute Erfahrungen hat man auch mit Topinambur gemacht: Er wird um den Garten oder Obstgarten angepflanzt, diese Lieblingsspeise lockt die Wühlmaus aus dem Garten.

Als direkte Bekämpfungsmethoden kommen vor allem Fallen in Betracht. Allerdings erfordert es einiges Geschick, bis die erste Wühlmaus gefangen ist. Die Fallen werden in die Gänge gebaut: Hierzu wird der Gang scharfkantig geöffnet, die Falle eingebaut und mit einem Brett abgedeckt. Falle und Brett nur mit erdigen Händen berühren!

Köder auf pflanzlicher Basis

Sehr wirksam sind Köder auf pflanzlicher Basis. Sie enthalten Lockstoffe, gern gefressene Futterpflanzen wie Johannisbrot und eine Substanz, welche die Blutgerinnung hemmt (Cumarin). Das Cumarin tötet die Maus. Die Köder sind für den Menschen, andere Tiere (auch für eine Katze, welche die vergifteten Mäuse unter Umständen frisst) und Pflanzen unschädlich. Sie werden mit einem Löffel in den Gang gelegt. Anschließend wird das Loch lichtdicht mit einem Brett verschlossen.

Sehr gut wirken auch Kastenfallen, die oberirdisch aufgestellt und mit Apfelstücken versehen werden, denn die Wühlmaus streift auch gern oberirdisch durch den Garten.

Verpappung und Fäulnis

Feuchte und sehr feine Materialien wie Rasenschnitt oder feine Blätter kleben zusammen, »verpappen« und reduzieren den Gasaustausch. Der Boden »erstickt« dann förmlich unter dem Mulch. Zudem kommt es im Inneren der Decke zu Fäulnis, die dem Boden schadet und unter Umständen die angrenzenden Pflanzen verfaulen lässt.

Mischen und regelmäßig lockern

Abhilfe schafft das Mischen dieser feinen oder feuchten Materialien mit trockenluftigen Substanzen wie Stroh oder Rinde. Rasenschnitt kann man nach dem Mähen auch erst einmal liegen lassen, damit das Gras anwelkt. Gras kräuselt sich beim Trocknen wie Tabak und klebt dann nicht mehr zusammen. Indem man die Mulchschicht regelmäßig vorsichtig lockert, verhindert man Verpappung und Fäulnis.

Faulige und mit Pflanzenkrankheiten und entsprechenden Sporen infizierte Mulchdecken sollte man von den Beeten entfernen und vernichten. Nicht in den Boden einarbeiten!

Verdichtete Böden

Unbearbeitete Lehm- und Tonböden verdichten sich aufgrund ihrer Textur sehr schnell und bilden eine kittartige Masse, die nur schwer von Wurzeln aufgeschlossen werden kann. Da aufgrund der Mulchdecke eine mechanische Bodenlockerung nicht oder nur schwer möglich ist, kann es bei schweren Böden durch Mulchen **kurzfristig** zu einem festeren Boden kommen.

Gründüngung lockert mit Wurzelkraft

Lehm- oder Tonböden sollten deshalb vor dem Mulchen gut mit dem Spaten oder Pflug gelockert werden; am besten im Herbst, weil der Boden dann durchfriert und sich zerkleinert. Möglich ist auch eine im Frühjahr ausgesäte Gründüngung, die man später mit Mulch bedeckt und deren Wurzeln im Boden verbleiben.

Für die Lockerung unter der Mulchdecke, die gelegentlich durchgeführt werden sollte, eignet sich die Grabeforke. Sie wird durch den Mulch in den Boden gestochen und hin- und herbewegt.

Kompost für Regenwürmer

Trotz des Problems der kurzfristigen Bodenverdichtung ist Mulchen gerade bei schweren Lehm- und Tonböden neben dem Einarbeiten von Kompost **langfristig** eine gute Maßnahme der Bodenverbesserung, da sich dadurch viele Regenwürmer ansiedeln, die den Boden lockern.

Mulchmaterialien auf einen Blick

Laub
C/N-Verhältnis: 50:1 (gemischtes Laub); Eichen- und Kastanienlaub enthält Gerbstoffe; keine Düngewirkung; nicht für den Gemüsegarten; unterdrückt Unkraut;
Einsatz unter Gehölzen und für Rosen;
optimale Schichtdicke: zehn bis fünfzehn Zentimeter;
in ein bis zwei Jahren abgebaut

Laubkompost
geringe Düngewirkung, entspricht Waldboden;
Einsatz für schwach zehrende Gemüsearten und Stauden, unter Gehölzen, ideal für Rhododendron

Stroh
C/N-Verhältnis: 100:1 (gemischtes Getreidestroh);
keine Düngewirkung; kann Schadstoffe und Unkrautsamen enthalten;
Einsatz zum Lockern kompakter Mulchmaterialien wie Gras und im Gemüsegarten

Chinaschilf (Miscanthus-Arten)
geringe Düngewirkung;
Einsatz als ganzes Kraut oder gehäckselt zur Abdeckung von Sandflächen, zur Urbarmachung, für Wege und im Gemüsegarten

Beinwell (Comfrey)
C/N-Verhältnis: 10:1; Düngewirkung, kaliumhaltig;
Einsatz zur Abdeckung von Dunkelkeimern, zerhackt überall im Garten sehr empfehlenswert, für Gemüse, Stauden, Rosen und Obst

Rhabarber
keine Düngewirkung;
Einsatz zur Abdeckung von Dunkelkeimern,
im Gemüsegarten und für Obst

Meerrettich
geringe Düngewirkung;
Einsatz unter Kirschbäumen, für Obst, wirkt gegen Monilia

Mist
C/N-Verhältnis: 13:1 bis 20:1; Düngewirkung, hoher Stickstoffgehalt;
Einsatz vermischt mit Stroh im Gemüsegarten, für Stauden und Obst

Rasenschnitt
C/N-Verhältnis: 10:1 bis 30:1; Düngewirkung, wasserhaltig;
Fäulnisgefahr bei frischem Rasenschnitt;
Einsatz vermischt mit Rinde oder Stroh unter Gehölzen,
im Gemüsegarten und für Obst

Heu
enthält Samen von Kräutern; verfilzt leicht;
Einsatz als dünne Schicht unter Gehölzen

Tang, Algen
Düngewirkung; enthält viele Spurenelemente; erhöhter Salzgehalt;
Einsatz im Gemüsegarten, für Stauden und Kräuter

Kompost
Düngewirkung; als Mulchmaterial zu wertvoll;
Einsatz als Grunddünger im Gemüsegarten; oberflächlich einarbeiten

Halb reifer Kompost
Düngewirkung; Einsatz im Gemüsegarten, unter Gehölzen;
ideal für stark zehrende Pflanzen; lockt Regenwürmer an

Rindenmulch
C/N-Verhältnis: 66:1 (Pinie); keine Düngewirkung; enthält Gerbstoffe;
nicht für den Gemüsegarten und für Stauden geeignet;
Einsatz unter Gehölzen und für Wege

Rindenhumus
Einsatz unter Gehölzen, Stauden und für Wege

Lava, Steine, Kies
keine Düngewirkung; speichern Wärme;
Einsatz für Wege und im Kräutergarten

Folien, Vliese
keine Düngewirkung;
Einsatz als Hilfsmittel zur Ernteverfrühung im Gemüsegarten und zum Schutz vor Frost; für Wärme liebende Gemüsearten

Pappe
keine Düngewirkung; kann Schadstoffe und Klammern enthalten; geeignet ist nur Wellpappe; Einsatz als Mulchscheiben um Bäume, zum Abdecken von Unkrautflächen, zur Urbarmachung

Hobelspäne, Sägespäne
C/N-Verhältnis: 200:1 (frische Späne), 500:1 (alte Späne);
keine Düngewirkung; machen den Boden sauer; verrotten langsam;
Einsatz nur als Zusatz in geringen Mengen und für Wege

Hackschnitzel
keine Düngewirkung; kann Pflanzenkrankheiten übertragen;
verrottet langsam; Einsatz nur für Wege

Torf
C/N-Verhältnis: 50:1; keine Düngewirkung; nicht geeignet

Der Autor

Dettmer Grünefeld, geboren 1951, wuchs in der Landwirtschaft auf. Er beschäftigt sich seit Mitte der 1970er-Jahre intensiv mit der Gartenpraxis. Dettmer Grünefeld ist selbstständig als Gartenplaner und in der Erwachsenenbildung tätig. Er erstellt Unterrichtsmaterialien zu den Themen Garten und Landwirtschaft, hält Vorträge und Seminare zum Thema Garten. Immer fließen dabei auch seine Einsichten aus Gartenstudien in den Niederlanden, England und Italien mit ein. Ein Schwerpunkt seiner Interessen ist das traditionelle Bogenschießen. Zu diesem Thema bietet er Kurse an und betreibt auch einen kleinen Laden auf seinem Hof in Schleswig-Holstein (www.eibe-bogensport.de).
Von 1986 bis 2005 war Dettmer Grünefeld Herausgeber des »Kalenders für den Biogarten« aus dem pala-verlag.

Kontakt zum Autor:

Dettmer Grünefeld
24975 Ausacker

dettmergruenefeld@hotmail.com

Index

Verwendete Literatur

Einige der im Folgenden genannten Titel sind im regulären Buchhandel derzeit nicht erhältlich, fragen Sie einfach in Bibliotheken danach.

Abtei Fulda:
Pflanzensaft gibt Pflanzenkraft: Pflanzliche Gieß- und Spritzmittel für den Garten

Abtei Fulda:
Damit Boden fruchtbare Erde bleibt

Abtei Fulda:
Comfrey – was ist das?

Abtei Fulda:
Kompost. Gold im Biogarten: Richtlinien zur Kompostgewinnung und Kompostanwendung

aid infodienst:
Kompost in der Landwirtschaft

Bell, Graham:
Der Permakultur-Garten, pala-verlag

Bell, Graham:
Permakultur praktisch, pala-verlag

Bruns, Annelore und Susanne:
Werkbuch Biogarten. Anleitung zum handwerklichen Arbeiten in Bildern, ökobuch Verlag

Bruns, Annelore und Susanne:
Biogarten Handbuch. Anleitung zum naturgemäßen Gärtnern in Bildern, ökobuch Verlag

Claußen, Günter:
Wildackersaaten, Wolmersdorf 2004

Derpsch, R. u. a.:
Erosionsbekämpfung in Paraná, Brasilien: Mulchsysteme, Direktsaat und konservierende Bodenbearbeitung, GTZ 1988

Erckenbrecht, Irmela:
Die Kräuterspirale. Bauanleitung, Kräuterporträts, Rezepte, pala-verlag

Erckenbrecht, Irmela:
Wie baue ich eine Kräuterspirale? Leitfaden für die Gartenpraxis, pala-verlag

Forschungsinstitut für biologischen Landbau (FiBL):
Gründüngungen: Schlüssel zum erfolgreichen Biogemüseanbau

Gilchrist, Paige:
Pflastern, Terrassen und Wege im Garten, Weltbild-Verlag

Thinschmidt, A. und Böswirth, D.:
Wege und Terrassen, Verlag Eugen Ulmer

Griegel, Adalbert:
Mein gesunder Obstgarten, Selbstverlag

Grünefeld, Dettmer:
Landwirtschaft. Materialien für Schule, Fortbildung und Öffentlichkeitsarbeit, Verlag Die Werkstatt

Grünefeld, Dettmer:
Kalender für den Biogarten 1986 – 2005, pala-verlag

Günzel, Wolf Richard:
Lebensräume schaffen. Wildtiere in Haus und Garten, pala-verlag

von Heynitz, K. und Merckens, G.:
Das biologische Gartenbuch,
Verlag Eugen Ulmer

von Heynitz, K.:
Kompost im Garten,
Verlag Eugen Ulmer

Jaekel, Erhard:
Gärten nach der Natur. Mit einheimischen Pflanzen und Materialien, Verlag Eugen Ulmer

Jantra, Helmut:
Der Garten. Praxis-Ratgeber,
Falken-Verlag

Kayser, Burkhard:
Mulch und Untersaaten. Gemüseanbau ohne Bodenbearbeitung, Minden 2002

Klotz, Brigitta:
Das Öko-Gartenbuch, Rowohlt Verlag

Könemann, Ewald:
Gartenbau-Fibel,
Edition Siebeneicher

Könemann, Ewald:
Biologische Düngung im Gemüsebau, Obst- und Beerenbau,
Verlag Welt und Wissen

Kretschmann, Kurt und Brehm, Rudolf:
Mulch total. Der Garten der Zukunft, OLV

Kreuter, Marie-Luise:
Der Bio-Garten,
BLV Buchverlag

Thüringer Landesanstalt für Landwirtschaft:
Wirkung verschiedener organischer Mulchmaterialien auf den Nährstoff- und Wasserhaushalt des Bodens (Versuchsbericht), Erfurt 2004

Lust, Volkmar:
Biologischer Obst- und Gemüsebau,
Verlag Eugen Ulmer

Meys, Sofie: **Schneckenalarm! So machen Sie Ihren Garten zur schneckenberuhigten Zone,**
pala-verlag

Mollison, Bill und Holmgren, Dave:
Permakultur. Leben und Arbeiten im Einklang mit der Natur,
pala-verlag

Mollison, Bill:
Permakultur konkret, pala-verlag

Niemeyer-Lüllwitz, Adalbert:
Arbeitsbuch Naturgarten,
Ravensburger Buchverlag

Probst, Gabriele und Manfred:
Praktische Gründüngung für Landwirtschaft, Gartenbau, Sonderkulturen. Medizin für den Boden, Edition Siebeneicher

Scheffer, F. und Schachtschnabel, P.:
Lehrbuch der Bodenkunde,
Spektrum Akademischer Verlag

Schmeil, Otto:
Tierkunde,
Quelle & Meyer

Schmeil, Otto:
Pflanzenkunde,
Quelle & Meyer

Schmeil, O., Fitschen, J. und Seibold, S.:
Die Flora von Deutschland und angrenzender Länder,
Quelle & Meyer

Schomerus, Johannes:
Die Bodenbedeckung – ein wertvolles Kulturverfahren,
Dresden 1931

Schröder, Magda:
Mein Mulchgarten, pala-verlag

Schröder, Magda:
Unser Mulchgarten. Neuanfang auf La Palma, pala-verlag

Stout, Ruth:
Mulch – Gärtnern ohne Arbeit, pala-verlag

Struzina, Andreas:
Der Einfluss von Mulch auf bodenphysikalische Wachstumsfaktoren, Bonn/Dissertation 1990

Stangl, Martin:
Stauden im Garten. Auswahl, Pflanzung, Pflege, BLV Buchverlag

Vanicek, Karl-Heinz u. a.:
Das Gartenbuch, Berlin 1990

Wolff, Peter F. C.:
Der gesunde Gartenboden. Bodenleben, Düngung, Bodenpflege, BLV Buchverlag

Sulzberger, Robert:
Kompost, Erde, Düngung. Der gesunde Gartenboden. Pflanzenernährung und Düngepraxis, BLV Buchverlag

Darwin, C.:
The formation of vegetable mould through the action of worms with observations on their habits, London 1881

Karsten, G.:
Mikrobielle Populationen und Prozesse im Darm von Regenwürmern (Oligachaeta, Lumbricidae), Dissertation Universität Bayreuth, Bayreuther Forum Ökologie 43 1997

Makeschin, F.: **Einfluss von Regenwürmern (Lumbricidae, Oligochaeta) auf den Boden sowie auf Ertrag und Inhaltsstoffe von Nutzpflanzen,** Dissertation Universität Gießen 1980

Makeschin, F.: **Earthworms (Lumbricidae, Oligochaeta): Important promoters of soil development and soil fertility,** in: Fauna in soil ecosystems – Recycling processes, nutrient fluxes, and agricultural production (Hrsg. G. Benckiser), Marcel Dekker Inc., New York, 173 – 223 1997

Potthoff, M.:
Synchronisation des Stoffkreislaufs durch Förderung bodenbiologischer Prozesse im Ackerbau, Dissertation Universität Göttingen, Cuvillier Verlag, Göttingen 1999

Stockfisch, N.:
Strohabbau durch Mikroorganismen und Regenwürmer in zwei Bodenbearbeitungssystemen, Dissertation Universität Göttingen, Schriftenreihe Agrarwissenschaftliche Forschungsergebnisse 5, Verlag Dr. Kovac 1997

Bezugsquellen

Mulchmaterialien und Saatgut sollten Sie möglichst lokal und aus ökologischen Quellen beziehen: überall dort, wo auch Bauern ihre Materialien kaufen, oder bei den Raiffeisengenossenschaften, die auch bezüglich anderer Bezugsquellen weiterhelfen. Einkauf vor Ort ist die beste Alternative. Oft wird Saatgut auch lose verkauft.

Auch in Bioläden kann man Getreide und Buchweizen kaufen, die sich problemlos aussäen lassen.

Gütegeprüfter Rindenmulch wird in vielen Erdwerken hergestellt und ist in ausgewählten Gartenmärkten erhältlich.

Saatgut, Pflanzen, Gartenbedarf

Revierberatungsstelle Wolmersdorf
Wildmeister Günter Claußen
Hauptstraße 33
25704 Nindorf
www.saatgut-shop.de
selbst zusammengestellte
Samenmischungen für Wildäcker

**Kräuter- und
Wildpflanzengärtnerei Strickler**
Lochgasse 1
55232 Alzey-Heimersheim
www.gaertnerei-strickler.de

Bioland Hof Jeebel
Biogartenversand OHG
Jeebel 17
29410 Salzwedel OT Jeebel
www.biogartenversand.de

Dreschflegel
Sämereien
In der Aue 31
37213 Witzenhausen
www.dreschflegel-saatgut.de

Keller GmbH & Co. KG
Konradstraße 17
79100 Freiburg
www.biokeller.de

Hof Berg-Garten
Robert Schönfeld
Lindenweg 17
79737 Herrischried
www.hof-berggarten.de

Bingenheimer Saatgut AG
Kronstraße 24
61209 Echzell
www.bingenheimersaatgut.de

Syringa
Duftpflanzen und Kräuter
Bachstraße 7
78247 Binningen
www.syringa-pflanzen.de

Bio-Saatgut Gaby Krautkrämer
Weingartenstraße 58
97252 Frickenhausen am Main
www.bio-saatgut.de

Blauetikett-Bornträger GmbH
In den Aspen 1
67591 Offstein
www.blauetikett.de

**Staudengärtnerei
Gaißmayer GmbH + Co. KG**
Jungviehweide 3
89257 Illertissen
www.gaissmayer.de

snoek Naturprodukte GmbH
Tannenweg 10
27356 Rotenburg/Wümme
www.snoek-naturprodukte.de

SHW Schmiedetechnik GmbH
Wilhelm-Heusel-Straße 18
72270 Baiersbronn
www.shw-fr.de
Gartengeräte

Samen Schwarzenberger
Grünland-Qualitäts-Saatgut
Bahnhofstraße 32
6176 Völs
Österreich
www.samen-schwarzenberger.at

Sativa Rheinau
Klosterplatz 1
8462 Rheinau
Schweiz
www.sativa-rheinau.ch

biosem
Le Burkli 83
2019 Chambrelien NE
Schweiz
www.biosem.ch

Andermatt Biogarten AG
Stahlermatten 6
6146 Grossdietwil
Schweiz
www.biogarten.ch

Spezielle Mulchmaterialien

Hermann Meyer KG
Halstenbeker Weg 100
25462 Rellingen
www.meyer-shop.com
Produkte für den Gartenbau

Rajapack GmbH
Carl-Metz-Str. 12
76275 Ettlingen
www.rajapack.de
Wellpappe

Hartmann-Brockhaus
Gerda-Hasselfeld-Ring 6c
85235 Pfaffenhofen-Wagenhofen
www.hartmann-brockhaus.de
Netze, Vliese, Folien

Gütegemeinschaft Substrate für Pflanzen e. V.
Wunstorfer Landstr. 8
30453 Hannover
www.substrate-ev.org

Gartenpraxis

Agnes Pahler:
Das Kompostbuch
ISBN: 978-3-89566-315-4

Natalie Faßmann:
Beinwelljauche, Knoblauchtee & Co.
ISBN: 978-3-89566-312-3

Dr. Ralf Klinger:
Regenwürmer – Helfer im Garten
ISBN: 978-3-89566-282-9

Natalie Faßmann:
In die Falle gegangen
ISBN: 978-3-89566-288-1

Lebensraum Garten

Wolf Richard Günzel:
Das Insektenhotel
ISBN: 978-3-89566-385-7

Irmela Erckenbrecht:
Neue Ideen für die Kräuterspirale
ISBN: 978-3-89566-240-9

Michael Altmoos:
Der Moosgarten
ISBN: 978-3-89566-387-1

Uwe Westphal:
Das große Buch der Gartenvögel
ISBN: 978-3-89566-375-8

Nach dem Vorbild der Natur

Masanobu Fukuoka:
Der Große Weg hat kein Tor
ISBN: 978-3-89566-206-5

Graham Bell:
Der Permakultur-Garten
ISBN: 978-3-89566-196-9

Natalie Faßmann:
Auf gute Nachbarschaft
ISBN: 978-3-89566-257-7

Bill Mollison:
Permakultur konkret
ISBN: 978-3-89566-198-3

Andere Bücher aus dem pala-verlag

Werner David:
Lebensraum Totholz
ISBN: 978-3-89566-270-6

Erckenbrecht / Lutter:
Sichtschutz im lebendigen Garten
ISBN: 978-3-89566-268-3

Andrea Preißler-Abou El Fadil:
Gärtnern nach dem Terra-Preta-Prinzip
ISBN: 978-3-89566-376-5

Brigitte Kleinod:
Das Hochbeet
ISBN: 978-3-89566-261-4

Gesamtverzeichnis bei: pala-verlag, Rheinstraße 35, 64283 Darmstadt
www.pala-verlag.de, E-Mail: info@pala-verlag.de

ISBN: 978-3-89566-218-8

4. aktualisierte Neuauflage 2019
Rheinstr. 35, 64283 Darmstadt
www.pala-verlag.de

Illustrationen und Umschlaggestaltung: Margret Schneevoigt

Exkurs Regenwurm: Björn Bugdahl
Lektorat: Claudia Molnar / Angelika Eckstein

Druck und Bindung: Druckhaus Nomos, Sinzheim
www.nomos-druck.de
Printed in Germany

Gedruckt auf
100% Recyclingpapier